아버지는 말하셨지
인간을 알아라

아버지는 말하셨지 인간을 알아라

김성동 지음

철학과현실사

감사의 글

우선 "아버지는 말하셨지"라는 카피로 우리의 감수성을 자극해준 카피라이터에게 감사한다.

그리고 이 책에 인용된 많은 그림들은 인터넷에서 가져온 것들이다. 게시하신 분들에게 양해를 구하고 감사를 표한 뒤에 사용하는 것이 마땅하겠으나, 일일이 이를 할 수가 없어서 대신 이 자리를 빌어서 양해를 구하고 감사를 표한다.

머리말

    우리가 인간이기는 하지만, 인간에 대해서 사실 잘 알지는 못한다. 등잔 밑이 어두운 것처럼 가까운 것은 모르기 쉬운데, 인간이야말로 가장 가까운 것이어서 그럴 것이다. 이 책『아버지는 말하셨지 인간을 알아라』는 이렇게 우리가 잘 모르는 인간의 여러 모습을 소개하기 위하여 준비되었다.

    "아버지는 말하셨지"라는 유행어를 책머리에 달고 있는 것은 광고문처럼 매력적으로 이 이야기를 하지는 못해도 지루하지는 않게 하려고 생각했기 때문이다.

    필자는 인간이란 무엇인가라는 물음을 품고서 한 세대를 살아왔다. 천성이 부족하고 노력이 게을러 큰 성과를 내지는 못했지만, 그나마 몇 가지 얻어 건진 것들은 있었다.

    이런 것들을 일반 독자들과 가볍고 즐겁게 나누고 싶었다. 물론 이 책에 있는 이야기가 충분하지는 않을 것이다. 하지만 독자들의 인간 이해에 좋은 거름은 되리라 믿는다.

2006년 2월
김성동

아버지는 말하셨지 인간을 알아라!
소크라테스도 말했었지 "너 자신을 알아라!"

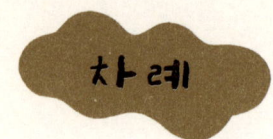
차례

태초에 말씀이 있었다?
아니 태초에 손이 있었다!

# 태초에 손이 있었다

성서에는 태초에 말씀이 있었다라고 적혀 있다. 하지만 인간학적 지식에 따르면 태초에 손이 있었다. 손이 있어 인간이 되었기 때문이다. 손이 있어 도구를 사용하고 손이 있어 손을 맞잡고 인류는 동물의 세계로부터 벗어났다. 인류를 동물의 세계로부터 인간의 세계로 넘어오게 한 손에 대하여 10번으로 시작하는 마디들에서 알아보자.

태초에 손이 있었다?
아니 태초에 말씀이 있었다!

마디 11.   인간은 언제부터 인간이었을까?

침팬지

성서에 보면 인간은 하느님이 만들어낸 그 순간부터, 아직 치부를 가리지는 못하였지만, 여하튼 바로 인간이었다. 하지만 진화론자들은 인간이 바로 인간이 된 것이 아니고 원래 인간이 아니었던 어떤 것이 차츰차츰 진화되어 드디어 인간이 되었다고 본다. 인간이 단박에 인간이 되지 않았다면 언제부터 인간이었을까?

최근 유전자공학의 발달로 인하여 우리는 인간의 가장 가까운 친척이라는 침팬지와 인간의 유전자를 비교할 수 있게 되었는데, 물론 관점에 따라 의견이 분분하기는 하지만, 대략 98.5%의 유사성이 있다고 한다. 학자들은 이러한 유사성으로부터 약 700만 년 전에 어떤 공통의 조상으로부터 인간과 침팬지가 분리되었다고 보고 있다. 이렇게 보면 인류는 700만 년 전이라는 아득한 옛날에 어떤 결정적인 돌연변이를 겪

인간과 침팬지의 유전자는 98.5%가 같다.
그들은 700만 년 전에 분리되었다.

으면서 인간으로의 진화를 시작하였던 것이다.

700만 년이라는 인간의 진화사를 지금 우리가
직접 확인할 유일한 방법은 그 동안 살았던 인간
들의 뼈를 찾는 것이다. 살은 썩어 없어졌기 때문
이다. 고인류학자들이 찾아낸 가장 오래된 뼈는
440만 년 전의 것인데, 아프리카의 남부에서 발
견된 민꼬리원숭이와 비슷한 존재라는 의미에서
남쪽 원숭이 즉 오스트랄로피테쿠스라고 불린다.

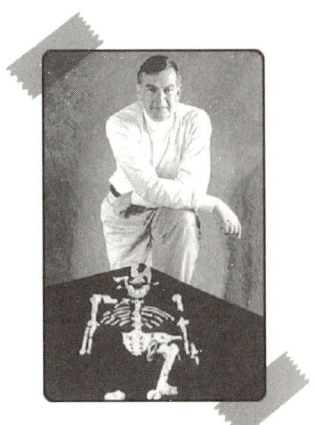

요한슨과 루시

하지만 이 뼈들은 아주 작은 조각들에 불과하
고 그래도 뭐가 좀 남아 있어서 자신을 확실히 보여준 최초의 사람은 루시(Lucy)이
다. 이 사람의 이름을 어떻게 확인했냐고? 운전면허증이 같이 발견되었냐고? 아니
발견될 때 비틀즈의 노래 「Lucy in the Sky with Diamonds」가 흘러나오고 있었
다. 25살의 할미꽃 같은 나이에 (왜냐하면 그 당시의 평균수명이 그만 했을 테니까)
죽은 이 여인은 키가 107cm 몸무게는 28kg, 관절염을 앓았고 반쯤 직립했다고 하
니, 상상해 보면 우리가 서커스나 동물원에서 보는 원숭이와 별로 다를 바가 없는 모
습을 하고 있다. 그녀는 320만 년 전에 살았으니 오늘날 후손이 있다면 11만대 손쯤
된다. 당신은 몇 대 손인가?

루시가 최초의 인간이라고 불리곤 하지만, 그녀가 과연 그럴 자격이 있는지 물어보
아야 한다. 왜냐하면 루시와 동물을 구분할 기준이 그리 마땅하지 않기 때문이다. 우
리같이 의심 많은 사람들은 무엇인가 확실히 구분할 기준이 있어야 믿지 않겠는가?

그런 기준이 있다. 동물이 결단코 하지 못할 일을 한 인류가 있었다. 때는 바야흐
로 175만 년 전, 인류가 처음으로 의도적인 인공물인 도구를 만들었다. 나무를 깎고
동물의 껍질을 벗기기 위하여 돌을 쪼개어 조약돌도끼를 만들었다. 그래서 인류는

사람들은 루시가 최초의 인간이라고 하지만
도구를 사용한 최초의 인간은 호모 하빌리스이다.

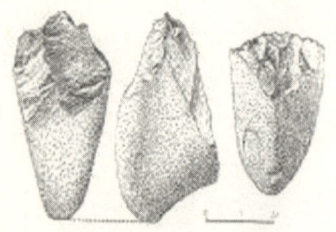

손도끼

이제 동물과는 완전히 다른 종류가 되었다. 동물은 도구를 사용하는 때가 있기는 하지만 만들지는 않는다.

이 돌도끼는 오늘날 핸드폰과 비교해보면 원시적이기 짝이 없지만, 어쨌든 최초의 인간다운 인간이라는 명예는 175만 년 전에 도구를 만들었던 그 인간 즉 호모 하빌리스에게 돌아가야 한다. 이들을 우리말로는 손을 사용하여 도구를 만든 사람이라는 뜻으로 손쓴 사람이라고 부른다.

인간은 언제부터 인간이었을까? 175만 년 전부터

〈복원된 고인류의 두개골들〉

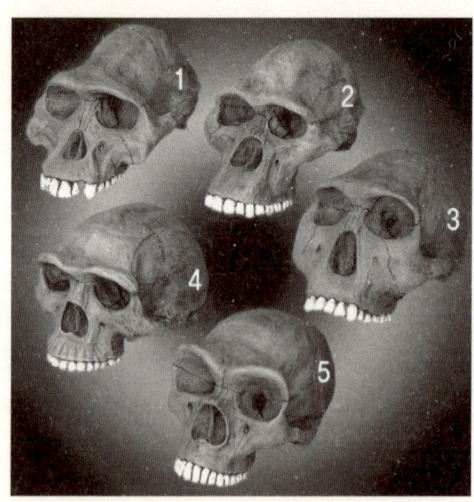

① Australopithecus afarensis ② Australopithecus africanus ③ Homo habilis
④ Homo erectus ⑤ Neandertal

손도끼에서 핸드폰까지 걸린 시간은?

175만 년

〈인류의 계보도〉

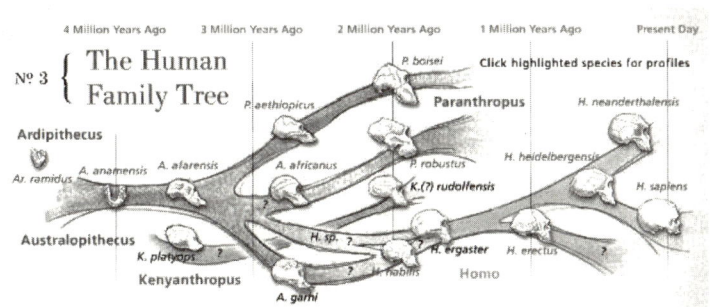

루시를 발견한 요한슨(Donald Johanson)의 인류의 계보도.
http://becominghuman.org에서 여러 내용을 볼 수 있다. 루
시는 Australopithecus afarensis이고 최초의 도구사용자는
homo habilis이며 이어서 homo erectus를 거쳐 현생인류의
조상인 homo sapiens에 이른다.

요한슨이 루시를 발견한 장소는?
이디오피아

마디 12. 인간은 어떻게 도구를 만들 수 있었을까?

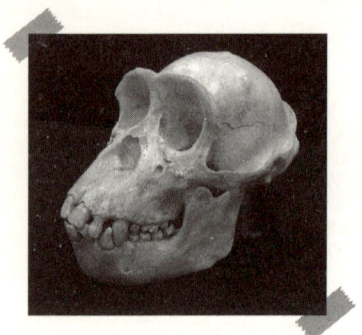

침팬지 두개골

손쓴 사람들은 어떻게 도구를 만들게 되었을까? 예상되는 답은 '머리가 좋아서'이다. 하기야 손쓴 사람은 두뇌용적이 630cc로서 침팬지의 380cc, 오스트랄로피테쿠스 440cc에 비하면 150% 내지 200%에 이른다. 그러니 그 큰 머리로 도구를 고안했을 수도 있었을 것이다.

하지만 머리가 좋다고 해서 도구를 만들거나 사용할 수 있는 것은 아니다. 개에게 리모컨을 주면 우리처럼 원하는 대로 자유롭게 재핑(zapping 채널을 이리저리 계속 돌리는 일)을 할 수 있겠는가? 그러므로 머리가 어떻든 간에 우선 두 손이 자유로워야만 도구를 사용할 수 있다. 직립 즉 곧추 서는 것이 중요한 까닭이 바로 여기에 있다.

하지만 두 발로 선다고 해서 도구를 모두 사용할 수 있는 것도 아니다. 그렇다면 캥

도구를 만들고 사용하려면 손이 있어야 한다.

손 중에서도 손은 엄지이다.

거루나 곰도 도구를 사용해야 하니까. 침 팬지나 인간만이 도구를 사용한다고 하는 데, 그 까닭은 침팬지나 인간에게만 엄지 손가락이 있기 때문이다. 엄지손가락은 다른 손가락들과 다르다. 왜냐하면 다른 손가락들은 같은 방향으로 나란히 뻗어나 간 형제들이지만, 유독 엄지손가락만이 다른 방향으로 뻗어나갔기 때문이다.

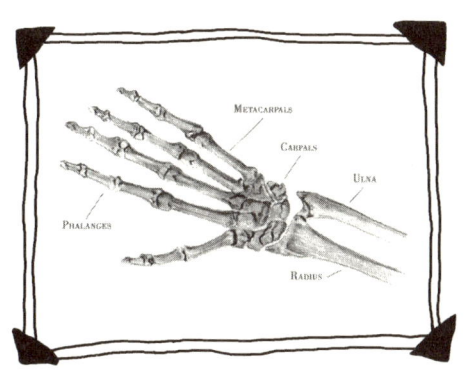

인간의 손

하지만 중요한 것은 다른 방향으로 뻗어나갔다는 사실이 아니라, 그렇기 때문에 다른 손가락들과 마주볼 수 있다는 것이다. 즉 180°로 맞붙일 수 있다는 것이다. 여 러분의 손을 움직여 엄지손가락과 다른 손가락을 랑데부시켜 보라. 이러한 맞붙임 구조가 도구를 붙잡을 수 있도록 해주고, 도구에 힘을 가할 수 있도록 해준다. 인간 은 손이 있어서 도구를 만들고 사용했지만, 손 중의 손은 사실 엄지손가락이다. 인간 은 엄지가 있어서 도구를 만들고 사용할 수 있었다.

엄지손가락이 없다면 어떻게 될까? 무엇이든지 꼭 붙잡을 수 없기 때문에 사실 손 은 손 노릇을 제대로 못하게 된다. 둘째손가락(검지)이 없다고 해서 총을 쏘지 못하 는 것은 아니다. 셋째손가락(중지)으로도 방아쇠를 당길 수 있다. 하지만 엄지손가락 이 없으면 총을 단단히 붙잡을 수 없으므로 총알을 원하는 방향으로 결코 보낼 수 없 다. 하지만 병역을 기피할 목적으로 신체를 손상시키면 군대는 안 가도 되지만 감옥 에 가게 된다.

인간은 어떻게 도구를 만들 수 있었을까?
엄지손가락이 있어서

엄지손가락을 엄지손가락이게 하는 독특한 구조는?
손가락과 손가락이 마주보는 맞붙임구조

마디 13. 침팬지는 왜 도구사용자로
진화하지 못했을까?

인간

오랑우탄

침팬지와 같은 원숭이들도 엄지손가락을 가지고 있다. 그런데 왜 진화 과정에서 그들은 우리처럼 도구를 사용하여 만물의 영장이라는 자리를 차지하지 못했을까?

첫째 답은 그들은 손을 인간처럼 완전히 해방시키지 못했기 때문이다. 우리는 돌상을 앞에 두면 일어나 아장아장 걷는다. 그곳에 지폐가 있기 때문이다. 하지만 야생 세계에는 지폐가 없기 때문에 침팬지와 같은 원숭이들은 때로 두 발로 서기도 하지만 평생 동안 이동할 때 손을 사용한다. 그러므로 상대적으로 손이 자유롭지 못하다.

재미있는 것은 손을 발로 사용할 때의 방식도 다르다는 것이다. 땅을 기는 원숭이와 인간은 손바닥을 땅에다 붙이고 기어 다니지만, 오랑우탄은 주먹을 쥐고서 그것을 바닥에 붙이

고릴라

침팬지의 손은 여전히 반쯤은 발이다.
그들은 우리처럼 손바닥을 땅에 대지 않는다.

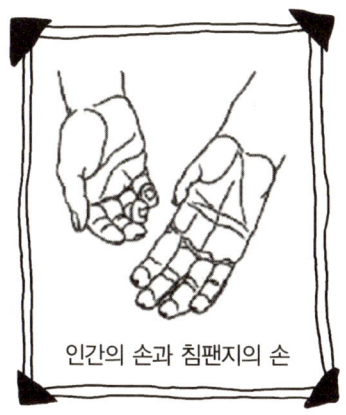
인간의 손과 침팬지의 손

고 다닌다. (아마 특공대 출신이라 그런가 보다.) 하지만 침팬지와 피그미 침팬지 그리고 고릴라는 손바닥도 주먹도 아니고 굽힌 손가락 바깥쪽을 바닥에 붙인다.

둘째 답은 침팬지의 엄지는 인간의 엄지와 다르기 때문이다. 인간의 엄지는 충분히 롱(long) 해서 다른 손가락들과 아주 효율적으로 결합할 수 있다. 하지만 침팬지의 엄지는 너무 숏(short) 해서 다른 손가락들과 충분히 결합할 수 없다. (긴 것이 좋은 것이라는 말은 어디 가도 해당되는가 보다.) 이러한 구조적인 차이점은 특히 섬세한 동작을 해야 할 때는 크게 차이가 난다.

그림에서 볼 수 있듯이 포도알을 잡는 동작을 인간과 침팬지가 할 경우 인간과 침팬지의 능력은 천양지차이다. 그래서 인간은 쌀 한 톨을 붙잡고 그곳에 수십 수백 글자를 새겨 넣을 수도 있지만, 원숭이에게는 그런 동작이 애초부터 불가능하다. 그저 할 수 있는 것이란 등걸이나 나뭇가지를 붙잡고 그것에 매달리거나 휘두르는 정도에 불과하다.

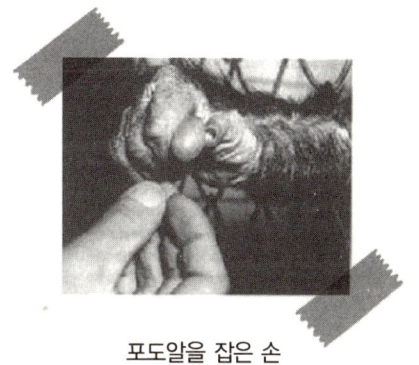
포도알을 잡은 손

침팬지는 왜 도구사용자로 진화하지 못했을까?
짧은 엄지를 가져서

침팬지의 엄지는 너무 짧아서 엄지 구실을 제대로 못한다.
인간의 엄지는 다른 손가락들과 충분히 넓게 결합할 수 있다.

마디 14. 그래서 침팬지는 도구를 사용하지 못하는가?

이집트 독수리

제인 구달

도구를 사용하는 것은 인간만의 특징은 아니다. 예를 들어 새들은 조개나 알을 물고 하늘 높이 올라가 떨어뜨려 그 속에 든 것을 날름 빼먹곤 한다. 더 정교한 도구사용은 알은 그대로 둔 채로 돌멩이를 입에 물고 알에 떨어뜨려 깨뜨리는 것이다. (그래 봐야 알에 돌이 맞는 확률은 25% 내외라 하지만.) 이집트 독수리(egyptian vulture)는 타조알을 이러한 방식으로 먹는 것으로 유명하다. 녹색 왜가리(green heron) 중에는 미끼를 물에 떨어뜨린 다음, 먹이를 먹으려고 올라오는 물고기를 사냥하는 놈들도 있다.

새처럼 작은 두뇌(얼마나 작으면 우리가 정신없이 실수를 하는 사람을 새대가리라고 놀리겠는가?)를 가지는 동물도 이렇게 도구를 사용하는데 침팬지처럼 큰 두뇌를 가진 동물

어떤 새는 나무 속의 벌레를 잡으러 선인장 가시를 이용한다.
어떤 수달은 돌을 주워 가슴에 얹고서 조개를 깨뜨려 먹는다.

이 도구를 사용하지 못할 리가 없다. 침팬지 연구가인 구달(Jane Goodall)은 침팬지들이 개미굴에서 개미를 낚아 올리기 위하여 풀이나 어린 가지를 이용하는 것을 관찰하였다. 나뭇잎을 이용하여 물을 모으기도 하고 몸에서 진흙이나 과일즙을 닦아내는 데에 그것을 사용하기도 한다. 인간에게 사로잡힌 원숭이들 중에는 선반 위에 있는 먹을 것을 먹기 위하여 막대기를 이용하기도 하는데, 다른 원숭이들은 이를 이용하여 우리를 탈출하는 데에 사용하기도 한다.

　이렇게 막대기를 사용할 때에는 또 가장 적당한 것을 골라 가지고 갔는데, 예를 들어서 너무 길거나 짧거나 부러질 것 같거나 들고 가기 어려운 것은 선택하지 않았다. 이러한 세심한 고려는 개미를 잡기 위해 어린 나뭇가지를 선택할 때도 마찬가지인데, 가지에 붙은 잎을 훑어내기도 하고 심지어 예비용으로 몇 개를 한꺼번에 준비하기도 한다.

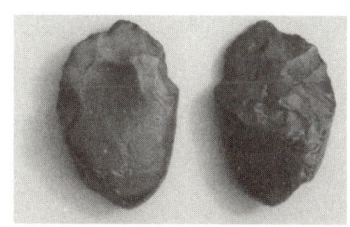

아슐 손도끼

　그렇다면 침팬지의 도구사용과 인간의 도구사용의 차이점은 무엇인가? 새들은 눈에 띈 물체를 당장의 용도에 사용하고 버리는 단순한 도구 쓰기만을 한다. 이에 반해 침팬지는 어린 나뭇가지에서 잎을 훑어내는 것과 같이 눈에 띈 물체를 고쳐 쓸모를 높여 사용하는 도구 고쳐 쓰기를 한다. 하지만 인간은 눈에 띈 물체를 이미 써보았던 균형 잡힌 방식으로 일정한 목적에 맞게 도구를 만들어서 사용한다. 예를 들어 아슐 손도끼(Acheulean handax)는 수십만 년 동안 동일한 재료에 동일한 방식으로 만들어졌다.

침팬지는 도구를 사용하지 못하는가?
고쳐 쓰되 만들어 쓰지는 못한다.

도구를 쓰는 것과 고쳐 쓰는 것은 전혀 다른 일이다.
도구를 고쳐 쓰는 것과 만들어 쓰는 것은 또 전혀 다른 일이다.

마디 15.   인간이 손을 사용하는 방법은?

미국의 손 연구가 네이피어(John Russell Napier)는 『손의 신비』라는 책을 썼는데, 우리나라에서는 지호출판사에서 1999년에 나왔다. 여기에 손에 관한 아주 재미있는 이야기들이 많이 있는데, (손에 대해 더 알고 싶으면 바로 이 책을 읽으라고 아버지는 말하셨다) 그 중에 보면 인간이 손을 사용하는 방법에 대한 이야기도 나온다. 손의 사용법에 대해서는 네이피어의 말을 직접 들어보자.

먼저 인간의 손 사용법에는 움켜 쥐기와 살짝 쥐기가 있다. 이것들이 손의 주된 사용법이다.

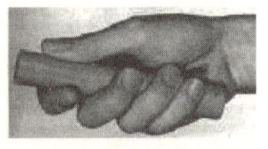

움켜 쥐기

움켜 쥐기는 엄지를 버팀대 및 힘을 가하는 동력으로 삼고 손가락 표면과 손바닥을 써서 쥐는 동작이다. 어떤 상황에서는 엄지가 직접적인 제어장치로 사용되기도 한다. … 곡괭이처럼 정확도가 거의 필요치 않은 무거운 도구의 경우에 엄지는 손가락 뒷면을 감싸 주먹을 만들면서 투박하게 힘을 가하는 기능으

네이피어는 손에 대한 선구적인 연구자이다.
손에 대해 더 알고 싶다면 그의 책이 읽을 만하다.

로 돌아간다. 주먹을 쥐는 경우에는 힘만이 중요하며 정밀도는 필요하지 않다.

살짝 쥐기는 엄지 끝과 나머지 손가락 끝으로 쥐는 동작이
다. 큰 물체를 쥘 때는 손가락 전체를 사용하지만 작은 물체
에는 엄지와 집게손가락, 가운뎃손가락만 있으면 된다. 살짝
쥐기는 섬세함과 정밀함이 필수적이고 힘은 부차적이다.

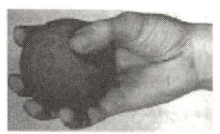

살짝 쥐기

그 외에도 보조적인 사용법도 있다. 버팀 쥐기와 끼워 쥐기가 그것들이다.

버팀 쥐기

버팀 쥐기는 손가락 폄근을 쓰는 쥐기 동작이다. 손가락 관절
을 똑바로 편 상태에서 두 개의 끝마디 관절을 격하게 굽힌다.
버팀 쥐기는 무거운 서류가방을 들거나 내리닫이 창틀을 열 때,
혹은 집게나 펜치 같은 전문적인 도구를 쥘 때 쓰이는 동작이다.

끼워 쥐기는 보완적인 쥐기 동작으로 물체를 집게손가락과
가운뎃손가락의 끝마디뼈 사이에 끼워 쥔다. 흔히 담배를 이
런 방식으로 잡으며, 작고 납작한 물체를 들 때 엄지를 쓸 수
없으면 무심코 이 동작을 쓰기도 한다.

끼워 쥐기

네이피어는 루시가 움켜 쥐고 두드리거나 던질 수 있었을 것이라고 생각하지만,
살짝 쥐기를 할 수는 없었을 것이라고 보고 있다. 호모 하빌리스는 움켜 쥐기를 완전
하게 할 수 있었으리라 생각하는데, 살짝 쥐기는 했을 수도 있지만 아주 불완전했을
것이라고 짐작한다. 살짝 움켜 쥐는 것을 옴켜 쥔다고 하고 세게 움켜 쥐는 것을 훔
켜 쥔다고 한다. 사랑하는 사람은 옴켜 쥐어야 할까? 아니면 훔켜 쥐어야 할까?

인간이 손을 사용하는 방법은? 움켜 쥐고 살짝 쥐고 버텨 쥐고 끼워 쥐고

힘쓰는 도구는 움켜 쥐기로 섬세한 도구는 살짝 쥐기로
할퀼 때는 버팀 쥐기로 동전을 돌릴 때는 끼워 쥐기로

마디 16.　한국인이 손을 사용하는 방법은?

　　서양 사람들은 손을 움켜 쥐고, 살짝 쥐고, 버텨 쥐고, 끼워 쥐는 데에 사용할 뿐이지만, 우리 한국 사람들은 한 군데 더 사용한다. 한국 사람들은 병을 치료하는 데에도 손을 사용한다. "할머니 손은 약손"이라고 하면서 배를 쓰다듬어 주시면 신기하게도 아픈 배가 낫는다.

　　하지만 이것이 다가 아니다. 그저 사랑을 담아 마음으로 치료할 때 손을 매개체로 사용하는 것만이 아니라, 동양의 오랜 치료법인 침과 뜸을 손에 사용함으로써 병을 다스린다. 이름하여 수지요법이다. 우리는 전통의료라고 하면 탕약을 생각하지만, 전통의료서적에서는 뜸과 침을 오히려 강조하고 있기도 하다.

　　가장 오래된 중국 의학이론서인 황제내경(皇帝內經) 또는 난경(難經)에는 일침이뜸삼복약(一針二灸三服藥)이라고 하여 침을 으뜸으로 삼았으며, 자생경(資生經)에서는 일뜸이침삼복약이라고 하여 뜸을 으뜸으로 삼았다.

■
■　　약은 침이나 뜸을 먼저 사용한 다음 사용하는 것이다.
■　　침과 뜸을 손에 사용하는 자가 치료법은 수지요법이다.
■

이렇게 보면, 침이나 뜸이 약보다 더 중요할 수도 있다. 이러한 침과 뜸을 몸이 아닌 손에 시술하여 질병을 치료하는 방법을 창안하고, 이를 전 세계에 퍼뜨린 것은 한국인 전통의학연구자 유태우 박사이다.

유태우 박사

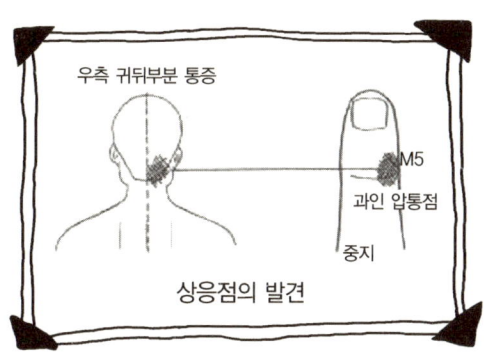

우측 귀뒤부분 통증

M5

과인 압통점

중지

상응점의 발견

그는 1971년 어느 날 목 뒤 오른쪽에 통증을 느꼈다. 그래서 통증이 느껴지는 부분을 자신의 손가락으로 누르면서 그 통증을 달래고 있었다. 그 때 그의 머리를 스쳐가는 영감이 있었는데 그것은 가운뎃손가락 손톱 아래쪽을 자극하면 통증이 덜어지지 않을까 하는 생각이었다.

볼펜 끝으로 그곳을 자극하였더니 과연 통증이 훨씬 덜해졌다. 이 경험을 계속 발전시켜 그는 우리 몸의 곳곳과 우리 손의 곳곳이 어떻게 서로 통하고 있는지 확인해 나갔다. 이렇게 하여 그는 우리 손이 우리 신체의 축소판이라는 것을 발견하였다.

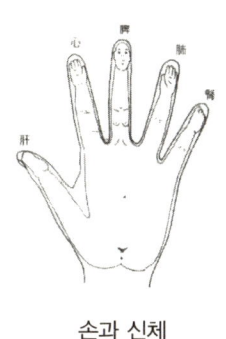

손과 신체

왼쪽 그림에서 보면 손바닥은 신체의 앞 부분이고, 가운뎃손가락은 머리와 목, 둘째 넷째 손가락은 손, 첫째 다섯째 손가락은 발임을 알 수 있다. 손바닥을 땅에 붙였다가 가운뎃손가락을 하늘로, 나머지 네 손가락을 네 발로 하여 자세를 잡으면 동물이 네 발로 서 있는 모습과 유사한 모습이 되는데, 여기서 우리는 신체와 손의 유사성을 좀 더 명확히 확인할 수 있다. 자이제 아픈 곳이 손의 어디와 상응하는지 찾아서 눌러보자!

한국인이 손을 사용하는 방법은? 침 놓고 뜸 뜨는 데에

손은 몸의 축소판이다.
볼펜이나 이쑤시개 그리고 손톱을 침 대신 사용할 수 있다.

마디 17. 손은 프랙탈인가?

프랙탈(fractal)이라는 말은 프랑스 수학자 만델브로트(Benoît Mandelbrot)가 1975년에 세상에 내놓은 새로운 말이다. 이는 자기유사성을 갖는 복잡한 기하도형인데, 중학교 수학 교과서에 나오는 시어핀스키(Sierpinski) 삼각형이 하나의 예이다.

첫째 삼각형과 둘째 삼각형을 비교해보면 첫째가 둘째 안에 들어가 앉았는데, 둘째도 어쨌든 첫째와 같은 모습을 가지고 있다는 것을 알 수 있다. 이런 방식으로 부분과 전체가 같은 모형인 것을 프랙탈이라고 일컫는다.

자연에서는 해안선이나 눈이나 나뭇잎 등에서 이런 프랙탈이 발견되고, 인체에서는 기관이나 혈관에서 이런 프랙탈이 또한 발견된다. 결국 프랙탈은 물리세계나 생물세계를 가리지 않고 사용되고 있는 수학적 원리임을 알 수 있다.

■
■   프랙탈은 1975년에 소개되었다.
■   기관지는 프랙탈로 최소의 정보로 최대의 효율을 올린다.
■

우리 몸의 기관지는 프랙탈로 되어 있는데, 성능을 최대화하기 위해서는 공기와 혈관의 접촉이 최대로 되어야 한다. 시어핀스키 삼각형의 흰 부분이 그러한 접촉면이라고 한다면, 프랙탈은 구조를 유지하면서 흰 부분을 최대화시켜 나가는 아주 효율적인 방법이다. 허파라는 제한된 공간 안에 최대한의 접촉면, 이것이 기관지가 프랙탈 구조를 가지고 있는 이유이다.

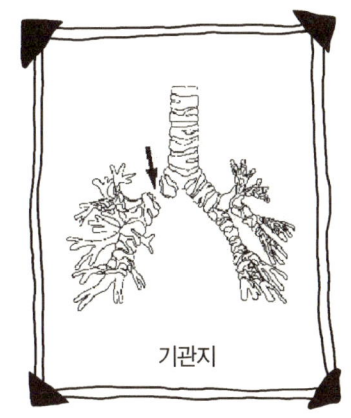

기관지

하지만 프랙탈은 아주 간단한 모양으로 구성되기 때문에 그 정보량이 아주 작다. 유전자에 많은 정보를 담아야 하는 입장에서 보면 프랙탈은 필요 정보량에서도 아주 경제적이다.

그렇다면 손도 프랙탈인가? 물론이다. 서양 사람들은 쉽게 눈치 채지 못하지만 손과 발과 신체는 모두 프랙탈이다. 책상 위에 놓인 손이 동물의 기는 모습을 재현한다는 것을 앞에서 보지 않았던가!

팬더

팬더에는 엄지손가락이 없다. 하지만 나무를 오르기 위하여 엄지손가락 역할을 하는 뼈가 있다. 다리에는 사실 이 뼈가 필요 없는데, 그래도 있다. 왜냐하면 같은 설계도를 사용하기 때문이다. 이를 보아도 몸과 손과 발을 같은 설계도에서 뽑았을 가능성이 높다.

유태우 박사는 이러한 손과 몸의 프랙탈적인 자기유사성(self-similarity)을 발견했던 것이다. 그러므로 신체의 어느 지점, 한의학자들이 혈(穴)이라고 부르는 지점을

손과 신체는 프랙탈적인 자기유사성을 갖는다.
수지침의 효과는 이런 자기유사성에 기인한다.

자극하거나, 이와 상응하는 손의 어느 지점을 자극하거나 같은 효과가 나타나는 것이다. 이것이 수지침의 비밀이다.

세상은 참으로 신기한 곳이다 우리가 먹는 야채 브로콜리(broccoli)와 우리의 기관지가 그리고 손이 모두 같은 원리에 의해 이루어져 있다니 말이다.

손은 프랙탈인가?
물론이다.

〈자기동형체 프랙탈〉

다음은 프랙탈이 어떻게 자기동형체를 구성하는가를 보여주는 그림들이다. 레벨1의 신호를 반복하여 적용하는 것만으로 레벨이 계속 올라가며 자연계에서 볼 수 있는 모습을 만들어낸다.

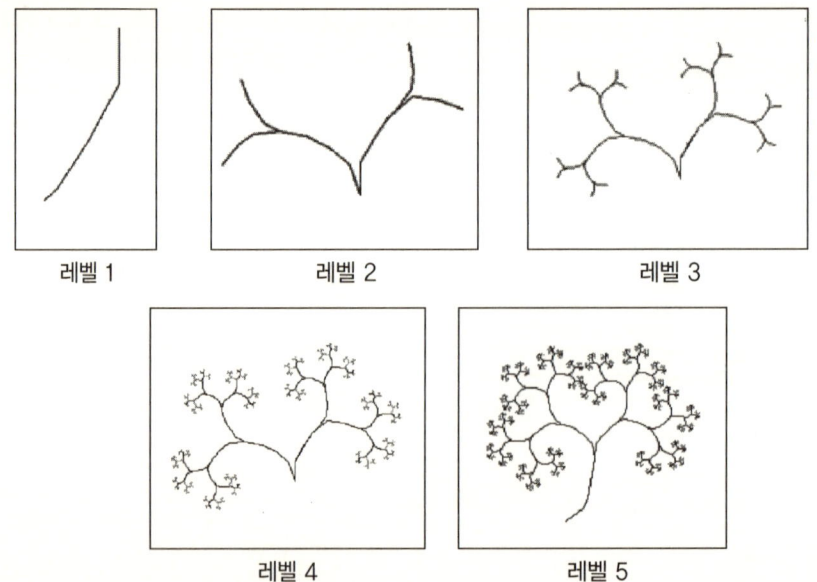

레벨 1   레벨 2   레벨 3

레벨 4   레벨 5

프랙탈은 자기유사성이다.
프랙탈은 경제적이며 낭비가 없다.

〈자연의 프랙탈들〉

브로콜리

고사리

조개

〈컴퓨터로 구현한 프랙탈들〉

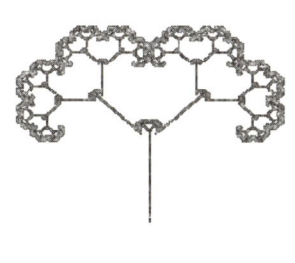
브로콜리

고사리

조개

프랙탈이 과거에 발견되지 않은 이유는?
프랙탈의 수식을 신속하고 정확하게 보여줄 컴퓨터가 없어서

마디 18. 진화의 최종 승리자는 누구였던가?

온갖 도구를 사용하는 현대인과 공통점을 가진 최초의 고인류는 호모 하빌리스 즉 손쓴 사람들이었다. 그들은 계속 도구를 발달시키면서 100만 년 전쯤에는 드디어 불도 사용하게 되었는데, 그리스 사람들은 이러한 원초적 기억을 신화로 남겨놓았다.

프로메테우스

죽지 않는 그리스의 신들이 죽는 생물들을 만들게 되었을 때 신들은 자신들의 피조물들이 멸종하지 않기를 바랐다. 그래서 모든 생물들이 서로 먹고 먹히기는 하지만 멸종에까지는 이르지 않도록 갖가지 재능을 부여하고 새끼 낳는 수를 조정하였다. 그런데 이 일을 맡은 에피메테우스가 실수로 인간을 빠트려 인간에게는 아무런 재능을 주지 못하였다. 나중에 이를 발견한 프로메테우스가 인간을 불쌍히 여겨 헤파이스토스에게서 불을, 아테네에게서 지혜를 훔쳐 인간에게 주었다. 그래서 인간은 불과 지혜를 가지고서 살아남게 되었다.

프로메테우스는 말하셨지
불과 지혜를 가져라!

2001년에 『에너미 앳 더 게이트』라는 독일과 소련의 저격병 이야기를 다룬 영화를 발표했던 장 자크 아노(Jean Jacques Annaud) 감독은 1981년에 『불을 찾아서』라는 영화를 만들었다. 이 영화는 10만 년 전의 인류의 삶을 그리면서 그때 인류가 불을 피우기 시작하였다고 묘사하고 있다. 고인류에 관한 영화로서는 '이보다 더 좋을 수 없다.'

손도끼를 만든 호모 하빌리스(homo habilis)에서 불을 만들게 된 호모 사피엔스(homo sapiens) 사이에 완전히 곧추 선 사람들 즉 호모 에렉투스(homo erectus)가 살았다. 이 사람들은 세계 여러 지역에서 발견되기 때문에 지역이름들을 가지고 있는데 북경원인, 자바원인, 하이델베르크원인 등이 그러한 것들이다. 이들은 대개 50만 년 전에 살았으며 두뇌용적은 1,000cc 정도이다. 그러니까 500cc 맥주잔으로 두 잔이다.

우리 현대인의 직계조상은 가장 큰 두개골 즉 맥주 세 잔인 1,500cc의 두개골을 가진 호모 사피엔스 즉 슬기사람이다. 하지만 호모 사피엔스도 단정 지어 '이것이다'라고 말하기는 여전히 어렵다. 다만 호모 사피엔스의 두 대표 종족으로 네안데르탈인과 크로마뇽인을

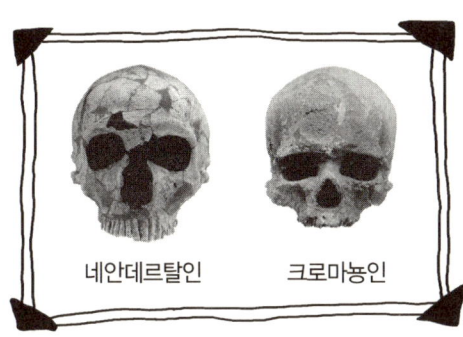

네안데르탈인   크로마뇽인

꼽는데, 우리가 크로마뇽인이라고 부르는 아프리카에서 발생한 현생인류가 전 세계로 퍼져가는 가운데, 네안데르탈인은 멸종되었을 것이라고 보는 견해가 있다. 여하튼 우리 자신의 학명은 그냥 호모 사피엔스가 아니라 호모 사피엔스 사피엔스이니까, 말하자면 슬기[2]사람이다.

진화의 최종승리자는 누구였던가? 호모 사피엔스 또는 호모 사피엔스 사피엔스

더욱 정교한 도구를 사용하여 살짝 쥐기를 완성한 호모 사피엔스는?
네안데르탈인이 아니라 크로마뇽인

마디 19. 인간은 왜 진화의 최종승리자가 되었을까?

인간이 진화의 최종승리자가 된 이유는 물론 손이 있어서이다. 그리고 손이 뇌의 발달을 촉진시켰기 때문이다. 침팬지의 뇌는 인간과 비교해보면 겨우 25%에 불과하다. 하지만 체중 대 뇌의 비율을 비교해보면, 다른 포유류보다 두 배나 큰 뇌를 가진 슬기로운 존재가 바로 침팬지이다.

나무 위의 침팬지

침팬지는 어떻게 이렇게 슬기로운 존재가 되었을까? 원숭이들은 주로 나무 위에서 생활하는데, 이는 다른 동물들의 공간과는 다른 삼차원공간이다. 이곳에서 나뭇가지를 붙잡는 일은 정확한 보기와 정확한 쥐기가 결합되지 않으면 안 된다. 여기서 눈의 입체시각과 손의 조작능력의 고도화가 이루어지는데, 이것이 영장류의 뇌를 증대시킨 중요한 요인이다.

호모 하빌리스는 단순히 넝쿨이나 나뭇가지를 붙잡는 것이 아니라 도구를 만들고 사용하였다. 도구사용은, 특히 섬세한 도구사용은 훨씬 더 강력한 두뇌능력을 필요

■ 도구제작과 대뇌용량의 관계는?
■ 서로가 서로를 발달시키는 되먹임 관계

로 한다. 인간은 구석기 후반에 이르러서야 겨우 이 살짝 쥐기를 마스터하기는 했지만, 그때까지 손과 머리를 차례로 굴리며 머리를 키워왔던 것이다.

오스트랄로피테쿠스는 440cc의 두뇌를 가지고 100만 년에 걸쳐 정체해 있었던 반면, 호모 하빌리스는 630cc에서 1,000cc의 호모 에렉투스로 진화하였고, 결국에는 1,500cc의 호모 사피엔스로 나아갔다. 일이 이렇게 된 것은 도구제작과 대뇌용량이 서로 도왔기 때문이다. 도구제작이 뇌를 크게 하면, 커진 뇌가 더 복잡한 도구를 제작 가능하게 하였다. 이렇게 호모 하빌리스는 꼬리에 꼬리를 물고 손과 뇌를 같이 발달시켰던 것이다. 오스트랄로피테쿠스는 도구를 제작하지 않았기 때문에 두뇌를 키울 수 없었고 멸종의 길을 걸었다.

그렇다면 왜 오스트랄로피테쿠스는 도구를 제작하지 않았을까? 배가 불러서. 농담이 아니고 진짜 배가 불러서 도구를 제작하지 않았다. 오스트랄로피테쿠스의 뼈가 출토되는 지층을 보면 그들이 강우량이 많고 식물이 풍부한 지역에 살았음을 알 수 있다. 그들의 치아는 채식성이다. 하지만 호

불 피우기

모 하빌리스의 뼈가 출토된 지층은 그들이 건조하고 메말라 충분한 양식을 구하기 힘든 곳에 살았음을 알 수 있다. 그들의 치아는 가리지 않고 먹는 잡식성 치아이다.

환경의 부적합성이라는 적당한 도전을 가진 호모 하빌리스는 헝그리(hungry) 정신을 발휘하여 두뇌를 확장시키며 결국 최후의 승리자가 된 반면, 유복했던 오스트랄로피테쿠스는 필요가 없어 도구를 만들지 않았고 그 결과는 정체와 멸종이었다. 이런 운명에 빠지지 않도록 우리 자신이나 아이들에게도 적당한 도전을 주자!

인간은 왜 진화의 최종승리자가 되었을까? 배가 고파서

적당한 도전은 승리의 열쇠이다.
아침부터 씨를 뿌리고 저녁까지 손을 쉬지 마라.

마디 10. 태초에 손이 있었다

태초에 손이 있었다?

아니 태초에 말씀이 있었다!

MEMO

뭐니 뭐니 해도 머리

손의 시대는 거(去)하고 머리의 시대가 내(來)하도다.

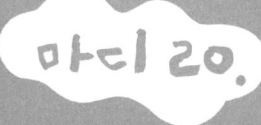

마디 20. 뭐니 뭐니 해도 머리

손이 인간을 동물의 세계로부터 끌어내었지만 쌍끌이로 같이 참여한 것은 머리였다. 인간이 머리를 굴려 아주 복잡한 도구 즉 기계를 만들게 되자 사실 손의 역할은 이제 뒤로 물러났다. 머리가 지배하는 세상, 그것이 오늘 우리가 사는 세상이다. 머리가 어떻게 생겼고 어떻게 움직이는지 20번으로 시작하는 마디들에서 알아보자.

손의 시대는 거하고 머리의 시대가 내하도다.
신피질의 시대는 거하고 변연계의 시대가 내하도다.

마디 21.   매트릭스는 과연 가능할까?

여러 해 전에 워쇼스키(Wachowski) 형제가 각본과 감독을 맡은 『매트릭스(Matrix)』라는 영화가 있었다. 이 영화는 2199년 인공두뇌를 가진 컴퓨터가 지배하는 세계를 그리고 있다.

영화 『매트릭스』

이 세계에서 인간들은 태어나자마자 인공두뇌가 만들어낸 인공자궁 안에 갇혀 인공두뇌의 생명 연장을 위한 에너지원으로 사용되고 인공두뇌에 의해 뇌세포에 매트릭스라는 프로그램을 입력 당한다. 프로그램 안에 있는 동안 인간의 뇌는 인공두뇌의 철저한 통제를 받는다. 인간이 보고 느끼는 것들은 항상 그들의 검색 엔진에 노출되어 있고, 인간의 기억 또한 그들에 의해 입력되고 삭제된다. 인간은 실제로 배양관 속에 있지만 인공두뇌의 치밀한 조작에 의하여 자신이 1999년을 살아가고 있다고 믿고 있다.

영화 『매트릭스』는 1억 2천만 달러를 투자하여
영화관에서만 4억 5천 9백만 달러를 벌었다. 이 책은? ^^;

과연 이러한 일이 가능할까? 이렇게까지 완벽한 것은 아니지만 오늘날에는 이보다 원시적인 방법으로 이와 비슷한 효과를 거두기는 한다. 가상현실(virtual reality) 체험관에 가서, 배선이 달린 헬멧을 쓰게 되면, 갑자기 내가 가상의 공간에 들어서 있음을 알게 된다. 내가 고개를 돌리면 헬멧에 비치는 풍경이 좌우로 바뀐다. 내가 걸어 나가면 가까웠던 것이 멀어지고 멀었던 것이 가까워진다.

이보다 더 원시적인 것은 아이맥스(iMax) 영화이다. 이 영화는 인간의 시선이 미치는 모든 곳까지 스크린을 넓게 펼쳐 놓음으로써 관객이 마치 영화 속에 실제로 있는 것 같은 느낌을 받도록 만든다. 여기다가 입체영화의 효과를 덧붙이면 고정된 위치

3D-iMAX

에서는 (가상현실처럼 움직이며 볼 수는 없다) 마치 영화 속에 서서 실제로 보고 있다는 착각에 빠질 수도 있다. 어쨌든 인간의 현실감각은 눈에 포착되는 자료에 크게 의존하기 때문에 아이맥스나 가상현실이 가능한데, 눈에 들어온 자료는 신경을 통하여 어차피 머리로 전해지기 때문에 신경을 조작할 수 있다면 매트릭스가 불가능할 것도 없다. 다만 지금 수준으로는 아니고 한참 먼 미래에.

이런 복잡한 기술적 도구 없이도 사실 인간은 때로 가상현실을 체험하기도 한다. 환상지통(幻想肢痛) 또는 환지통이라고 부르는 통증은 사고나 수술 등으로 팔이나 다리를 잃은 사람이 이미 잃은 부위에서 아픔을 느끼는 현상이다. 이는 이미 잘려나간 팔이나 다리에서 통증을 느끼는 일이니 가상현실이라고 하지 않을 수 없다. 아니면 인터넷에 푹 빠져 있는 인터넷 중독자들은 손톱같이 작은 화면에서도 사이버세계에 푹 빠져서 현실과 가상을 구분하지 못한다.

매트릭스는 과연 가능할까? 물론이다. 하지만 먼 훗날에

종이를 구겨서 아주 작은 공을 만들고 셋째 손가락을 둘째 손가락 안으로 가져와 X자로 교차시킨 다음 그 사이에 공을 끼워 만지면?

마디 22. 우리에게는 세 개의 뇌가 있다?

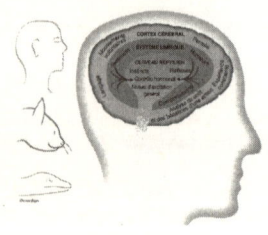

두뇌의 구성

뇌는 대단히 복잡한 기관이기 때문에 수많은 하부 조직으로 구성되어 있다. 미국의 신경생리학자 맥린(Paul MacLean)은 인간의 뇌가 셋이 있는데, 이것이 하나의 연합체를 이루고 있다고 주장하였다.

그 세 개의 뇌는 머릿속 가장 깊숙한 곳에 있는 초기 진화의 산물인 파충류의 뇌, 그것을 에워싸고 있고 포유류에게만 나타나는 변연계, 또 그 위에서 변연계를 에워싸고 있는 신피질이다.

맥린은 이 뇌들이 진화의 과정에서 차례대로 더해진 것이기 때문에 서로 연결되어 있기는 하지만, 그것을 구성하고 있는 단백질의 종류가 다르고 또 각자 맡은 바 역할과 임무가 다르며 또 다른 원리에 따라 따로 움직이고 있다고 지적한다. 예를 들어 신피질은 인지적으로 움직이지만, 변연계는 정서적으로 움직이고, 파충류의 뇌는 기계적으로 움직인다.

비유하자면, 유엔의 여러 회원국들이 유엔이라는 깃발 아래 모여 있지만 회원국

우리를 움직이는 세 동력은?

생존, 감정, 이성

각자가 또한 절대주권국가인 것과 마찬가지이다. 안보리 상임이사국이 어떻게 결정을 하든지 간에, 회원국은 언제든지 그에 반해 행동할 수 있다. 변연계가 담당하는 감정이 치솟으면 신피질이 담당하는 이성을 잃게 되는 것은 바로 뇌가 하나가 아니라 세 개인 까닭이다.

파충류에 이미 나타나는 파충류의 뇌(reptilan brain)는 생존에 필요한 생리기능을 담당한다. 숨을 쉬거나 심장이 뛰거나 잠을 자거나 하는 일은 여기서 담당한다. 이 일들은 자동적이고 기계적으로 이루어진다. 이곳에 문제가 생기면 곧 죽음이다. 여기서는 약간의 상호작용도 담당하고 있는데, 공격과 구애, 짝짓기와 영토방어 등의 기초적인 상호작용만을 한다.

변연계(limbic brain)는 포유동물이 추가적으로 가지게 된 뇌인데, 여기에 복잡한 신경장치들이 많이 모여 있다. 외부세계와 상호작용을 하고 이에 따르는 감정을 여기서 담당한다. 따라서 다른 개체와의 진보된 상호작용을 수행하는데, 예를 들면 새끼를 키우거나, 소리로 의사소통을 하거나, 놀이를 하는 능력은 여기에 속한다. 이곳에 문제가 생기면 정서장애가 일어난다.

신피질(neocortical brain)은 모든 포유류에 다 있기는 하지만, 최근에 진화한 유인원에서만 유의미하게 나타난다. 변연계는 모든 포유류에서 크기가 거의 비슷하지만, 신피질은 크기가 매우 다르다. 침팬지와 인간의 두뇌용적이 다른 것은 대부분 신피질의 크기 차이이다. 이

세 뇌의 역할

뇌는 인식이라고 알려진 감각적 경험과 의지라고 알려진 운동 근육의 의식적 조절을 수행한다. 이곳에 문제가 생기면 사고장애나 의지장애가 생겨난다.

우리에게 세 개의 뇌가 있다? 파충류의 뇌, 변연계, 신피질

사랑을 하면 눈이 머는 것은 변연계가 신피질을 압도하기 때문이다.
침팬지와 인간의 두뇌용적의 차이는 대개 신피질 차이이다.

마디 23. 왼쪽 뇌가 하는 것을 오른쪽 뇌가 알고 있을까?

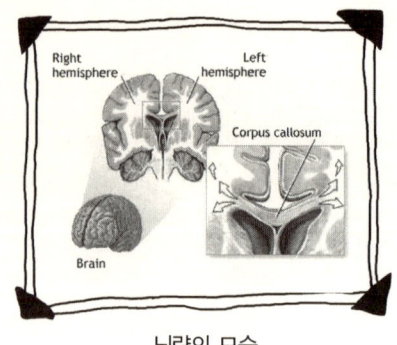

뇌량의 모습

성경에는 "왼손이 하는 일을 오른손이 모르게 하라"고 적혀 있다. 하지만 이것이 가능한 일일까? 가능할 뿐만 아니라 오른손은 왼손이 하는 일을 절대 모른다. 왜냐하면 무엇을 아는 것은 손이 아니라 머리이기 때문이다. 그러니까 글자 그대로 받아들인다면 성경은 걱정하지 않아도 될 일을 걱정한 셈이다.

그러면 왼쪽 머리가 하는 일은 오른쪽 머리가 알고 있을까? 물론이다. 우리 머리는 좌우 대칭 꼴로 생겼지만, 왼쪽 머리와 오른쪽 머리는 뇌량(腦梁, corpus callosum)이라는 신경다발로 연결되어 있어서, 우리 머릿속의 세 개의 뇌가 '따로 또 같이' 움직이는 것처럼, 우리 머릿속의 오른쪽과 왼쪽도 따로 또 같이 움직인다. 물론 뇌량이 끊어지면 '따로' 움직이게 된다. 몸의 일부분이 붙은 채 태어난 샴 쌍둥이가 분리 수술 후 따로 움직이는 것과 같다.

■
■ 왼쪽 뇌와 오른쪽 뇌를 연결하는 통로는?
■ 뇌량
■

　　좌뇌는 일반적으로 언어뇌라 불린다. 왼쪽 뇌는 말하고 쓰는 언어기능을 담당한다. 숫자나 기호에 대해서도 강하다. 따라서 읽고, 쓰고, 계산하는 기능을 지배하고 있다. 사람들이 논리적 사고를 할 때, 그 처리를 담당하는 것도 좌뇌이다. 그러므로 좌뇌는 이성의 뇌라고 할 만하다.

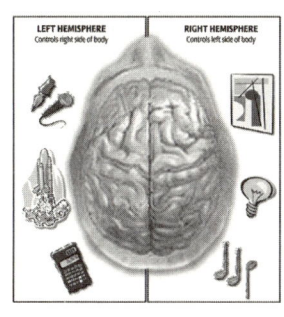

좌뇌와 우뇌

　　좌뇌가 언어뇌라면 우뇌는 그림뇌이다. 우뇌는 공간인식의 기능을 담당하고 시각적 정보를 종합적으로 파악한다. 감성적 세계, 이를테면 그림이나 음악 등의 예술 분야도 담당한다. 그러므로 우뇌는 감성의 뇌라고 할 만하다.

　　거짓말을 하면 눈동자가 오른쪽으로 간다는 설도 있고 왼쪽으로 간다는 설도 있다. 거짓말은 그림이기에 우뇌에서 담당하고 본인에게는 좌측으로 상대방에게는 우측으로 간다는 설이 유력하다. 하지만 내가 지금 왼쪽으로 눈을 굴렸는데, 내 말은 참말일까? 거짓말일까?

　　좌뇌가 언어뇌이고 우뇌가 그림뇌이기 때문에 같은 작업을 달리할 수 있는 가능성이 있다. 계산할 때는 분명 왼쪽 뇌를 사용한다. 그러나 계산의 달인은 오른쪽 뇌를 사용하는 것으로 보인다. 추측하자면 계산의 달인은 보통 사람과 달리 주판을 영상화해서 뇌 속에서 주판을 가지고 계산하는 듯하다. 장기나 바둑의 국수들도 이와 비슷한 것으로 보인다. 그들은 장기판을 영상화해서 그 이미지로 장세를 판단하고 수를 고안하는 것으로 보인다.

왼쪽 뇌가 하는 것을 오른쪽 뇌가 알고 있을까?
뇌량을 통해서 안다.

왼쪽 뇌는 언어뇌
오른쪽 뇌는 그림뇌

마디 24. 왼손잡이의 뇌도 오른손잡이의 뇌와 같은가?

바이올린 연주자

우리 몸의 신경은 파충류의 뇌와 연결되는 부분에서 X자로 교차하기 때문에, 왼쪽 뇌가 오른쪽 몸의 움직임을, 오른쪽 뇌가 왼쪽 몸의 움직임을 관장한다. 그러므로 운동능력에서 보자면 왼쪽 뇌는 오른손이 하는 것과 같은 신체의 섬세한 움직임을 담당한다. 왼쪽 뇌가 섬세한 움직임을 담당하니까 오른쪽 뇌는 신체의 큰 움직임 즉 몸 전체의 이동이나 방향을 담당한다.

그런데 이러한 공식을 모든 사람에게 적용하기는 어렵다. 왜냐하면 인류 사회에는 조사연구에 따르면 대개 10%의 왼손잡이가 있기 때문이다. 어떻게 왼손잡이가 되는가에 대해서는 아직 확실하게 밝혀지지 않았다. 심지어는 일란성 쌍둥이의 한 쪽이 왼손잡이일 때 다른 한 쪽도 왼손잡이인 경우가 76%밖에 되지 않는다. 여하튼 왼손잡이 중에 유명한 인물이 많다는 이야기는 흔하다. 줄리어스 카이사르, 파블로 피카소, 헨리 포드, 헬렌 켈러, 알버트 슈바이처, 마릴린 몬로, 로버트 레드포드, 이승엽 등이 왼

섬세한 동작을 담당하는 뇌는 좌뇌이다.
이동이나 방향을 담당하는 뇌는 우뇌이다.

손잡이라고 전한다. 사실 왼손잡이들은 오른손잡이 세상에서 불편하게 살고 있다.

그러면 이들 왼손잡이들에게서는 어떤 일이 일어날까? 왼손잡이들은 왼손을 많이 사용하니까 오른쪽 뇌가 섬세한 동작을 담당할까? 하지만 실제로 조사를 해보면 그렇지는 않다. 학자들은 좌뇌와 우뇌가 뇌량으로 연결되어 있고 또 기능적으로 반드시 독립적이기 않기 때문에 왼손잡이라고 해서 오른쪽 뇌가 섬세한 동작을 담당하는 것은 아니라고 설명하고 있다.

하지만 언어와 관련해서는 상당히 재미있는 조사결과가 있다. 좌뇌가 언어뇌이고 우뇌가 그림뇌라는 앞 마디의 이야기는 인간들 중에서 90%에 해당하는 오른손잡이에 해당되는 것이다. (사실 오른손잡이의 경우에도 98%만이 좌뇌에 언어중추를 가지고 있다.) 그렇다면 왼손잡이의 경우는 어떨까? 왼손잡이의 언어뇌는 오른쪽 뇌일까?

왼손잡이

별로 그렇지는 않다. 왼손잡이의 70%는 오른손잡이의 98%처럼 좌뇌가 언어뇌이다. 하지만 왼손잡이의 30% 중 15%는 우뇌가 언어뇌이며, 나머지 15%는 좌뇌와 우뇌 양쪽 모두에 언어중추를 가지고 있다.

더 재미있는 것은 이렇게 좌뇌 우뇌 양쪽에 언어중추를 가지고 있는 사람의 성비를 비교해보면 여성이 더 많다는 사실이다. 여하튼 말과 관련해서는 여성은 특별한 재주가 있다. 세상의 남성들이여, 여성들과 말을 가지고 경쟁할 생각을 마시오. 물론 다른 모든 영역에서도 마찬가지이지만.

왼손잡이의 뇌도 오른손잡이의 뇌와 같은가?
거의 같다. 조금은 다르다.

왼손잡이의 15%는 좌우뇌에 모두 언어중추를 가지며
또 15%는 오른쪽 뇌에 언어중추를 가진다.

마디 25.   커피를 마시면 뇌에 무슨 일이?

커피나무

커피는 세계인구의 1/3이 즐겨 마시는 음료이다. 이렇게 커피가 전 세계에서 애호를 받는 이유는 커피가 인간을 흥분시켜주기 때문이다. 커피가 인간을 흥분시키는 이유는 커피에 들어 있는 카페인(caffeine) 때문이다.

앞에서 뇌는 따로 또 같이 움직이는 여러 부분으로 이루어져 있다고 했지만, 뇌의 최종적인 재료는 뉴런(neuron)이라는 신경세포이다. 커피의 씨앗에는 1.5-2.5%의 카페인이 들어 있는데, 이는 이런 뉴런들을 자극하여 잠이나 피로감을 느끼지 않게 하고, 기분을 쾌적하게 하며 집중력을 향상시킨다.

우리가 머리를 많이 사용하여 피곤하게 되면 머리는 '아, 잠과 데이트를 하든지 **노는 신세**'가 되라고 아데노신(adenosine)이라는 물질을 분비하여 뇌를 쉬게 만드는데, 카페인은 이 아데노신과 반대로 작용하여 머리를 활발히 움직이게 만든다.

그렇다면 커피를 계속 마시면 같은 효과가 계속 나타나는가? 물론 아니다. 여러분

아데노신이 분비되면 뇌가 비활성화되며
카페인이 들어오면 뇌가 활성화된다.

들도 경험이 있듯이, 처음에 한 잔 마셨을 때와 같이 기분을 쾌적하게 하기 위해서는 날이 갈수록 더 많은 커피를 마셔야 한다.

왜냐하면 우리 머리는 자동조절기능이 있기 때문에 자기가 내놓은 아데노신이 카페인에 의해 방해를 받으면 그 다음에는 그것을 고려하여 더 많은 양을 내놓기 때문이다. 더 많은 물질을 중화시키려면 더 많은 커피를 마셔야 한다. 중독이라는 현상은 이처럼 외부에서 유입된 물질로 인하여 뇌가 필요한 물질을 과잉분비시킴으로써 생겨난다.

카페인은 비교적 중독성이 적지만, 우리가 흔히 마약이라고 부르는 물질들은 중독성이 아주 크다. 이것들도 마찬가지 메커니즘으로 그러나 훨씬 강력하게 중독을 일으킨다. 하지만 마약은 여기에 그치지 않는다.

우리가 어떤 일을 즐겨하는 것은 그것이 우리 생존에 도움이 되기 때문이다. 이렇게 생존에 도움이 되는 일을 강화하기 위하여 우리 뇌는 '**도움을 주는 파란 민중의 지팡이**' 같은 도파민(dopamine)을 분비하여 행복감을 느끼게 한다. 실제로 경찰을 보면 마음이 편안해야 하는데…

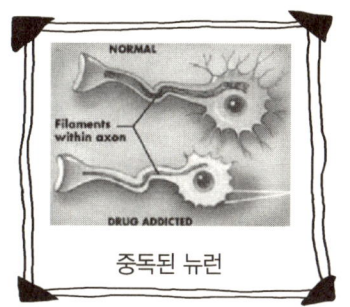

중독된 뉴런

마약을 주기적으로 섭취한 쥐에서는 이 도파민을 전달하는 뉴런이 졸아붙은 것을 볼 수 있는데, 왜냐하면 마약이 도파민을 대신해버렸기 때문이다. 그래서 도파민이 없으므로 중독자는 자연스러운 즐거움이나 강력한 의욕 그리고 넘치는 쾌감도 탈색되고, 성적인 감각도 잊고, 사고하는 힘도 없어지고, 통증을 억제하는 작용도 손상돼서 결국 생존할 수 없는 폐인이 된다.

커피를 마시면 뇌에 무슨 일이?
카페인이 아데노신을 공격한다.

뇌는 신경전달물질이 들어오면 이에 대항하는 물질을 분비한다.
자동으로 과잉분비된 대항물질이 중독현상을 일으킨다.

〈뉴런의 연결과 신경전달물질〉

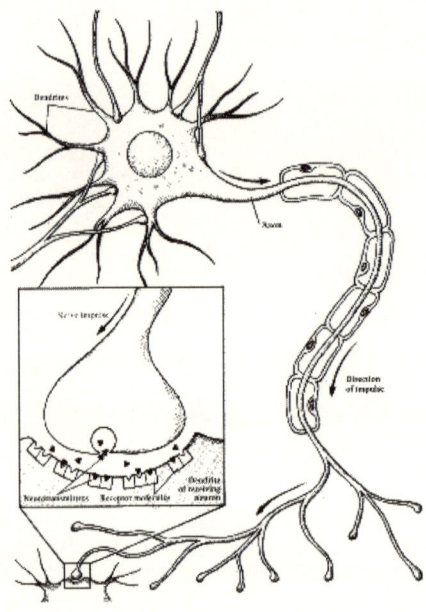

뇌를 구성하고 있는 신경세포 즉 뉴런은 독특한 모양을 하고 있다. 뉴런은 많은 돌기를 가지고 있는데, 그 중에서 하나는 기다랗고 나머지 돌기는 나뭇가지 비슷한 모양을 하고 있다. 기다란 돌기가 다른 신경세포와 연결되는데 이 부분을 시냅스라고 한다. 뇌에서 화학물질이 작용하는 곳은 바로 이 시냅스이다. 전달되는 정보가 전기신호로 시냅스에 도달하면 이 전기신호를 신경전달물질인 화학물질로 바꾸어 다른 신경세포로 전달하게 된다.

화나거나 흥분하면 아드레날린이나 노르아드레날린이,
기분이 좋을 때는 엔케팔린이나 엔돌핀이 뇌에서 분비된다.

〈포유류의 뇌들〉

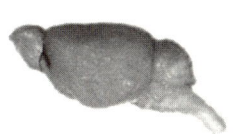

쥐의 뇌(2g)

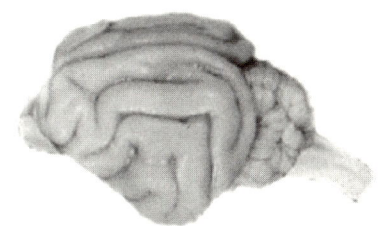

고양이의 뇌(30g)

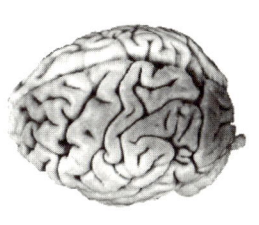

침팬지의 뇌(420g)

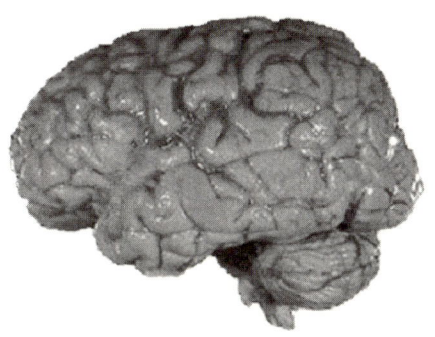

인간의 뇌(1,400g)

연애할 때 주로 분비되는 신경전달물질은?

도파민과 페닐에틸아민(Phenyl Ethyl Amine)과 옥시토신(oxytocin)

마디 26.   변연계가 없으면 무슨 일이 일어날까?

신피질이 없다면 인간의 인간다운 능력 즉 언어나 그림의 능력이 사라질 것이다. 변연계가 없다면 어떤 일이 일어날까? 앞에서 지적하였듯이 변연계는 다른 개체와 상호작용하는 능력 즉 양육, 사교, 의사소통, 놀이 등의 능력을 관장하고 있다. 변연계가 없으면 바로 이런 능력이 사라진다.

사이언스북스에서 2001년에 발간한 『사랑을 위한 과학』이라는 책에서는 변연계가 제거된 동물들의 모습을 이렇게 묘사하고 있다.

햄스터

어미 햄스터의 신피질을 모두 제거해도 그 어미는 계속 새끼들을 돌본다. 그러나 변연계에 아주 작은 손상이라도 입게 되면 모성 본능은 순식간에 황폐화된다. … 변연계 절제술을 받은 한 원숭이는 동료들의 분노에도 아랑곳없이 그들을 통나무나 돌처럼 밟고 돌아다녔고, 동료들의 존재를 깡그리 무시하는 냉담한 태도로 그들의 손에서 음식을 빼앗았다.

신피질이 없으면 어리석은 인간이 되지만
변연계가 없으면 동정심이 없는 인간이 된다.

이렇게 보면 동정심이 없는 사람들은 변연계가 취약한 사람들임에 틀림없다. 당신의 변연계는 얼마나 두터운가?

우리는 때로 우리가 살아가는 목적을 잊어버릴 수 있다. 오늘날 우리가 사는 목적은 돈을 벌기 위해서인 것처럼 보인다. 그러나 우리가 먹기 위하여 사는 것이 아니라 살기 위하여 먹는 것이듯이, 돈을 벌기 위하여 사는 것이 아니라 살기 위하여 돈을 버는 것이다. 그렇다면 산다는 것은 무엇인가? 그것은 서로 보살피고, 사귀고 대화하며, 노는 것이다. 즉 변연계가 추구

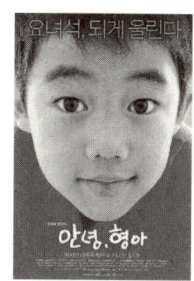

아이

하는 것을 이룩하는 것이다. (I cannot emphasize it too much. 영어가 좀 되나?)

그럼에도 불구하고 우리는 때로 신피질의 놀라운 능력에 도취되어 신피질이 수단에 불과한 존재라는 사실을 잊어버린다. 사실 우리만 그런 것이 아니라 근대철학의 아버지라고 하는 프랑스의 철학자 데카르트도 바로 이것을 잊어버렸다. 그래서 그는 "나는 생각한다. 고로 존재한다(Cogito ergo sum)"고 말하여 마치 생각이 곧 나인 것처럼 이야기하였다. 하지만 생각은 수단에 불과하다.

원자폭탄의 원리 $E = mc^2$을 발견한 아인슈타인은 이제까지 존재한 인간들 중에서 신피질이 가장 발달한 인간이지만 신피질은 수단이고 도구이고 하인이지, 목적이고 지향이고 주인이 아니라는 점을 확실히 지적했다.

우리는 지성을 신격화하지 않기 위해 조심해야 한다. 물론 지성은 강력한 근육을 가지고 있지만, 개성이 전혀 없다. 그것은 지배자가 아니라 하인이다.

변연계가 없으면 무슨 일이 일어날까?
사람이 사람을, 어머니가 자식을 몰라본다.

신피질은 삶의 하인일 뿐, 삶의 주인은 변연계이다.
산다는 것은 서로 보살피고, 이야기하고, 사귀고, 노는 것이다.

마디 27.   아기와 엄마는 어떻게 의사소통을?

파충류의 뇌는 우리가 살아 있도록 계속 숨을 쉬게 만든다. 하지만 숨만 쉰다고 살아남는 것은 아니다. 특히 무력하기 짝이 없게 태어나는 새끼들은 어미의 적절한 도움을 받지 못한다면 숨을 쉴 수 있는 능력만으론 결코 살아남을 수 없다. 아기에게 엄마가 필요한 것은 바로 이런 까닭이다.

아기와 엄마

그러면 아기는 어떻게 엄마에게서 적절한 보호를 받아낼까? 바로 여기에 변연계의 비밀이 숨어 있다. 자식을 낳아서 길러본 사람이라면 누구나 자식의 감정과 부모의 감정이 늘 동조된다는 것을 알고 있다. 어느 쪽이든 감정이 변하면 상대방의 감정도 같이 변한다. 이것이 바로 변연계의 기능이다.

기저귀가 젖어 축축해진 아기는 울기 시작하는데, 이때 그 불쾌감은 아기의 것이자 동시에 어머니의 것이다. 그래서 어머니는 만사를 제쳐놓고 기저귀를 간다. 그래서

『사랑을 위한 과학』은 두뇌에 대한 최신의 연구 성과를 담고 있다.

이 책은 정신과 의사 루이스, 애미니, 래넌이 같이 지었다.

아기의 기분이 좋아지면 어머니의 기분도 좋아진다. 이런 까닭으로 어머니는 자신의 모든 것을 희생하여 자식을 돌보게 된다. '내 자식이 먹으면 내 배가 부르니까.'

변연계는 이처럼 일치를 통하여 적절한 보호만 이끌어내는 것이 아니다. 변연계는 이러한 일치를 통하여 어떤 사태에 대한 믿음 곧 지식도 이끌어낸다.

예컨대, 재판에서 A가 B를 죽였느냐 그렇지 않느냐를 판단한다고 가정해보자. 피고와 아무런 연관이 없는 어떤 증인이 긍정적 증언을 하느냐 않느냐에 따라서 우리는 판단을 달리한다. 하지만 자신의 무고함을 주장하는 피고의 아버지는 누가 뭐라 하든 어떤 물질적 증거가 제출되든 자신의 아들이 무죄라고 믿는다. 그의 판단은 그의 믿음에 따른다.

사실 우리가 가진 모든 지식은 우리가 믿는 사람들로부터 얻은 것이다. 기우제를 지내서가 아니라 기압변화에 의해서 비가 온다는 것을 확인하지 않아도 믿고, 어른에게 존댓말을 쓰고 인사하는 것이 왜 도리인지 몰라도 믿는다. 그리고 이렇게 얻은 지식에 기초하여 어떤 것이 참이고 어떤 것이 옳은 것인지를 판단한다.

심리학자들은 시각적 낭떠러지(visual cliff)라는 실험을 통하여 이러한 사실을 입증하고 있다. 시각적 낭떠러지는 옆의 그림과 같이 탁구대 같은 구조물을 만들면서 한 쪽은 바둑판무늬를 넣은 판자로 만들고 다른 한 쪽은 투명한 플라스틱으로 만든 다음, 투명한 플라스틱 판의 아래쪽 바닥과 낭떠러지에 바둑판무늬를 넣어서 아이가 혼동을 느끼게 만든 것이다.

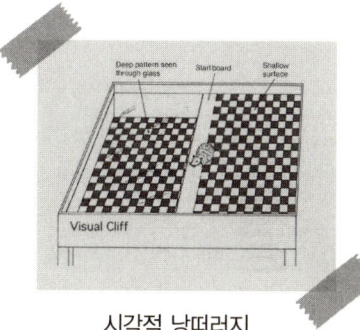

시각적 낭떠러지

여러 보고에 따르면 아이는 낭떠러지에서 떨어질 것도 같지만, 낭떠러지 위를 만져보면 표면이 딱딱하기 때문에 떨어지지 않을 것도 같다고 생각한다. 이러한 갈등

지식은 믿음에서 나오고, 믿음은 정서적 일치에서 나온다.
신피질은 변연계의 도구이자 산물이다.

상황에서 아이는 언제나처럼 어머니에게 의존한다.

표정 확인

낭떠러지에 다다르면 아기는 상황을 둘러본 다음 어머니를 쳐다본다. 어머니에게서 경계의 표정을 발견하면 아기는 그 자리에서 주저앉아 울기 시작한다. 어머니가 웃으며 손짓을 하면 아기는 계속 기어나간다. 아기에게는 어머니가 지식의 근원이다.

실제로 우리의 신피질은 태어날 때는 별로 크지 않다. 어머니의 뱃속에서 빠져나올 수 있는 공간이 한정되어 있기 때문이다. 그래서 어머니와의 변연계적인 상호작용을 하면서 신피질이 성장한다. 어미와 상호작용을 못한 원숭이가 다른 원숭이를 만나면 자연계에서 볼 수 없는 공격성을 보이는데, 오늘날 청소년들의 공격성이 높은 것이 맞벌이부부와 아기들의 변연계 상호작용이 적어서 그렇다는 설명도 있다.

어머니와 아이의 정서적 일치가 믿음을 낳고, 믿음은 사태에 대한 판단을 낳고, 이것이 곧 지식이 된다. 이런 까닭에 신피질의 모태는 변연계이다. 나이가 들면 신피질이 변연계로부터 독립하는 듯이 보이지만, 여전히 이러한 지배 종속 관계는 유지된다. 우리가 어떤 사람을 사랑하느냐에 따라 우리의 믿음이 그래서 지식이 달라진다. 결혼한 남자에게 어떤 것이 참이고 옳은지는 마누라가 어떤 표정을 짓느냐에 달려 있다.

아기와 엄마는 어떻게 의사소통을 하는가?
정서의 일치를 통하여

신피질은 변연계에 종속되어 있다.
부인의 눈빛에 따라 남편은 시시비비를 판단한다.

〈시각적 낭떠러지〉

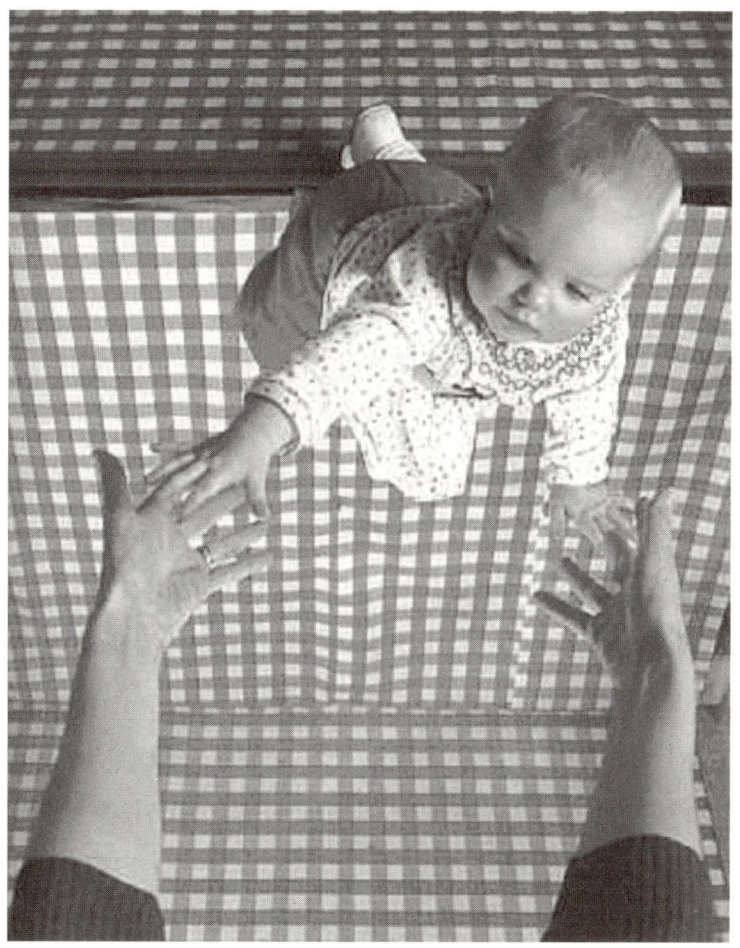

어머니에 의해 고무된 아기는
시각적 낭떠러지를 용감하게 건너간다.

우리가 물 위를 걷지 못하는 까닭은
믿지 못하기 때문이다.

마디 28. 감정은 남에게 전염될까?

2002년 6월 한국은 월드컵 열기에 휩싸였다. 모든 일상은 이 열기에 굴복했다. 학교와 직장은 업무를 단축하고 축구관람을 허용했다. 도대체 그 열기라는 것은 무엇인가? 신피질적으로 이러한 열기는 결코 이해될 수 없는 것이다. 열기는 변연계적으로만 이해될 수 있다.

여자와 남자가 연애를 할 때 그 물불 가리지 않는 용기를 어떻게 신피질적으로 이해할 수 있겠는가? 그러기에 '사랑에 눈이 먼다'라고 이야기하는 것이 아니겠는가? 사랑의 열기나 월드컵의 열기나 모두 변연계의 소산이다. 변연계는 평소에는 신피질이 지배하게 내버려두지만 일단 열을 받으면 신피질을 한 쪽으로 제쳐버린다.

4강에 오르기까지 경기의 승리들도 물론 신피질적으로 작용했겠지만, 경기와 관련된 정서적 일치감이 이러한 열기의 바탕이 되었다. 그리하여 결국에는 4강전에서의 패배조차도 신피질적이 아니라 변연계적으로 받아들이게 되었다. 패배에도 불구하고 사람들은 한 달 동안 행복했다고 이야기했는데 그러한 행복은 경기의 승패에서 비롯된 것이기도 하겠지만, 경기의 승패를 떠나서 경기가 계기가 된 정서적 일치감

2002 월드컵이 행복했던 것은
이겨서가 아니라 같이해서이다.

에서 비롯된 것이었다. '우리는 코리아, 우리는 하나다'라고 느꼈기 때문이다.

하지만 행복했던 사람들 중에서도 가장 행복했던 사람들은 거실 소파에서 텔레비전을 본 사람들이 아니라 경기장이나 시청 앞 광장에서 모여 경기를 관람하고 같이 응원을 했던 그 사람들이었다. 그들은 왜 더 행복했던가? 그들의 변연계는 직접적으로 공명했기 때문이었다. 변연계는 신피질과 달리 이런 독특한 공명 즉 변연계 공명(limbic resonance)을 갖는다.

감정의 전파

변연계에서 발생하는 감정 상태는 서로의 마음으로 건너뛸 수 있기 때문에 개념과는 달리 전염되는 성질이 있다. 누군가 독창적인 아이디어를 떠올렸다고 해서 주변 사람들이 같은 생각을 갖게 되지는 않는다. 그러나 주위 사람들의 변연계가 활발히 운동하면 우리의 감정은 즉시 일치한다. 관객들이 가득한 극장에서 영화를 볼 때 전율을 느끼는 반면 거실 소파에서 볼 때는 실망스러운 것도 바로 그런 이유에서이다. … 군중들 속으로 감정의 파장을 전파시켜 그들을 겁에 질려 우왕좌왕하는 무리로 만들거나 증오심에 불타는 폭도로 만드는 것도 이러한 변연계의 환기 작용이다.

한 마디로, 우리의 변연계는 다른 사람의 정서에 대한 민감한 안테나라고 할 수 있다. 우리는 멀리서도 적의를 느낄 수 있고, 인격이 높은 수도자와 함께 하면 심신이 평온해짐을 느낀다. 변연계는 늘 열려 있다. 공포영화는 왜 반드시 극장에 가서 보아야 실감이 날까? 많은 사람의 변연계가 공명을 할 때 그 효과가 극대화되기 때문이다. 그렇다면 혼자서 기도할 때보다 모여서 기도하면 감정이 더 쉽게 고조되는가? 당신은 하나를 알면 열을 깨닫는 사람이다.

감정은 전염될까? 바이러스보다 더 빨리

신피질의 내용은 배우고 익혀야만 전달되지만
변연계의 내용은 그저 퍼져나간다.

마디 29. 몸의 기억은 어디에 저장될까?

기억은 참 아리송한 것이다. 기억과 관련하여 가장 곤혹스러운 것은 똑같은 사건에 대하여 다른 기억을 가지고 있는 사람들이 있는 경우이다. 같은 사건에 대하여 어떻게 기억이 다를 수 있단 말인가?

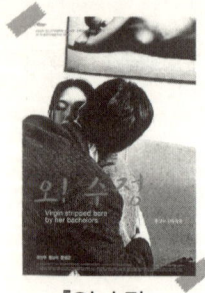

『오! 수정』

요절한 배우 이은주가 출연했던 홍상수 감독의 영화 『오! 수정』은 한 연애사건에 대해 남자와 여자가 각각 다른 기억을 가지고 있다는 것을 소재로 하고 있다. 각각 화성과 금성에서 온 애초부터 종족이 다른 존재들이니까 그건 또 그럴 수 있다고 해도, 역사적으로 중요한 사건에 대해 한 동네에 살았던 동성의 사람들의 기억이 다르면 이건 참 곤란하다.

더 곤란한 것은 기억 중에는 머리에 기억되지 않는 기억도 있다는 것이다. 자전거 타기, 수영하기, 타자치기 등의 방법적 지식(how to do)들이 이러한 것들이다. 이런 것들은 구구단처럼 머리로 왼다고 해서 해결되지 않는다. 최경주가 쓴 '골프 잘 치는 법'이라는 책을 달달 왼다고 골프를 잘 치게 되는 것은 아니다. (물론 도움은 된다.)

하나의 사건에 대해서도
사람들은 얼마든지 다른 기억들을 가질 수 있다.

이런 것들은 몸이 기억해야 한다.

　몸의 기억은 자전거타기와 같이 몸으로 익혀야만 되는 기억이며, 머리의 기억은 일회적으로 체험한 사건을 기억한다든지(사건기억), 아니면 구구단을 반복적으로 암송하여 외는 것(의미기억)처럼 머리로 익혀야만 되는 기억이다. 몸의 기억은 일반적으로 한 번 익히면 망각되지 않고 쉽게 되살아나지만, 머리의 기억은 자주 재생하지 않으면 망각된다.

　하지만 사실 이러한 용어는 적합한 것은 아니다. 왼손이나 오른손이 뭘 알 수 없는 것처럼, 우리 몸도 뭘 알 수가 없다. 왜냐하면 우리 몸에는 기억을 담당할 신경세포가 없기 때문이다. 몸의 기억도 머리 어디인가에 기억된다. 우리가 그곳을 아직 모를 뿐이다.

　그러므로 우리가 몸의 기억이라고 부르는 것을 『사랑을 위한 과학』에서는 내재적 기억이라고 부른다. 왜냐하면 우리는 외재적인 의식적 기억행위 없이도 내재적인 무의식적 기억능력을 발휘하기 때문이다. 몸의 기억은 대체로 여기에 해당된다. 우리가 자전거를 탈 수 있어도 어떻게 타는지를 기억하지는 못하는 것은 바로 이런 까닭이다.

몸의 기억

　우리가 모국어를 배우는 일도 여기에 속한다. 외국어는 외재적으로 익히고 사용하지만 모국어는 그러한 방식으로 익히고 사용하지 않는다. 우리가 감이나 직관이라고 하는 것도 여기에 해당되는데, 어르신들이 날씨를 대강 짐작하는 것은 뼈마디가 쑤셔서이기도 하겠지만, 무의식적으로 그밖에 많은 패턴을 파악했기 때문이다. 과학자들의 실험에서 사람들은 확실한 패턴을 알지 못하면서도 인공적으로 조작된 패턴들을 파악해내었다.

　　　　　몸의 기억은 어디에 저장될까? 머리에

몸의 기억은 무의식적 기억이다.
자신은 알지 못하지만 머리는 이를 알고 있다.

마디 20. 뭐니 뭐니 해도 머리

손의 시대는 가하고 머리의 시대가 내하도다.

신피질의 시대는 가하고 변연계의 시대가 내하도다.

MEMo

인간은 유전자를 담고 있는 그릇에 불과하다.

인간의 사회적 행위에는 유전자적인 이유가 있다.

 # 우리는 유전자의 그릇일 뿐

인간이 손과 머리를 통하여 자신을 동물의 세계로부터 끌어내고 만물의 영장으로 우뚝 섰다고 생각하지만, 생물학계에서는 우리가 그저 유전자를 담고 있는 그릇에 불과하며 우리 속에 담긴 유전자를 퍼뜨리기 위하여 최선을 다하고 있을 뿐이라는 주장이 전개되었는데, 이를 사회생물학이라고 부른다. 사회생물학적 인간의 모습을 30번으로 시작하는 마디들에서 알아보자.

사회생물학적인 지식은
진화적 적응이 아니라 문화적 적응을 가능하게 한다.

마디 31.   우리는 과연 그릇인가?

사회생물학(sociobiology)이란 1975년 필자의 대학입학을 축하하며 프랙탈과 더불어 새롭게 소개된 말이다. 이는 동물의 사회적 행동에 생물학적 근거가 있다는 주장인데, 이는 다음과 같이 요약된다.

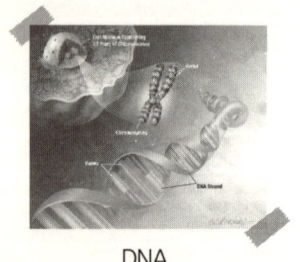

DNA

① 생식을 통한 유전자의 전달이 동물들의 생존경쟁을 유발하는 중심요인이고 ② 동물들은 자신의 유전자를 다음 세대에 전달하는 기회를 극대화하는 방식으로 행동하며 ③ 현재 동물의 신체적 행동적 특징은 자연선택의 진화과정을 통하여 생존한 최선의 특징이다.

③의 입장은 사실 윌슨(Edward Wilson)이 『사회생물학』이라는 책을 내기 전에도 다윈의 진화론에서 이미 주장되었던 입장이고, 새롭게 주장된 것은 ①과 ②라고 하겠다. ①과 ②에서 새롭게 등장한 것은 생물의 행동의 밑바닥에 유전자와 유전자의

인간에 대한 사회생물학적 견해를 자세히 알려면
윌슨의 『인간 본성에 대하여』(사이언스북스, 2000)를 읽으면 된다.

전달이라는 주체와 목적이 있다는 사실이다.

'닭이 먼저냐? 달걀이 먼저냐?'라는 오랫동안 풀리지 않는 질문이 있는데, 1892년에 이 질문을 459일 연속 고민하던 보메액(Billy Bohmeiack) 은 결국 정신병원에 입원하고 말았다.(믿거나 말거나) 여러분은 그럴 필요가 없다. 사회생물학이

닭이냐 달걀이냐

여기에 답해주었기 때문이다. 사회생물학에 따르면 달걀이 먼저다. 왜냐하면 닭은 달걀이 더 많은 달걀을 생산하기 위해 잠시 만들어낸 매개체에 불과하기 때문이다.

우리는 닭이 없으면 달걀이 어떻게 처음에 나오느냐라는 반문 때문에 이 물음에 답하지 못했는데, 사회생물학은 이 물음에 대하여 처음에 DNA가 있었고, 이놈은 묘하게도 자기복제를 할 줄 알았기 때문에 닭을 포함한 여러 종류의 생존 기계들을 만들어 지금도 여전히 자신을 계속 복제하고 있는 중이라고 답한다. 그러니까 더 정확히는 달걀이 닭에 앞서는 것이 아니라 DNA가 닭에 앞서는 것이 되겠다.

닭은 그렇다고 치고, 그럼 우리 인간도 그러한가? 우리가 단순히 유전자를 담고 있는 그릇에 불과한가? 우리의 유전자가 자신을 더 많이 퍼뜨리기 위해 잠시 만들어낸 매개체에 불과한 것이 우리인가?

하기야 우리의 전통윤리에서 가문을 잇고 번창하게 한다는 것의 의미가 무엇이었겠는가? 그때는 유전자를 몰라서 피라고 했지만, 결국 조상으로부터 전해진 유전자를 물려주고 널리 퍼뜨리는 일 아니겠는가? 나도 결국에는 사라질 존재이지만, 그에 비해 내 유전자는 내 자손들을 통해 계속 남아 전해질 터이니, 나는 유전자가 잠시 담기는 그릇임에 틀림없다.

우리는 유전자가 담기는 그릇인가? 그렇다.

전통윤리에서 '가문'의 자리에 '유전자'를 넣으면 그것이 바로 사회생물학이다.

마디 32.   기린의 목뼈의 수는 돼지의 몇 배?

시인 노천명은 "모가지가 길어서 슬픈 짐승이여"라고 사슴을 노래했지만, 목이 길어 기쁜 짐승도 있다. 길지 않으면 먹이를 못 먹는 기린이 바로 그 짐승이다. 기린의 키는 건물 2층 내지 3층에 이르고 목만도 2m에 이른다.

이에 반해 돼지는 대표적으로 목이 짧은 동물이다. 그 짧은 목 때문에 고개를 들지 못해 하늘을 보지도 못한다. 하지만 목뼈의 수로 말하자면 기린이나 돼지나 모두 일곱 개로 같다.

왜 기린의 목뼈는 이렇게 고무줄 늘어나듯 쭉쭉 늘어나고 돼지의 목뼈는 눌러놓은 돼지머리처럼 줄어들었을까? 진화론자들은 자연선택의 원칙에 따라 그렇게 되었다고 한다. 기린은 보통 높은 곳에 매달린 먹이를 먹는데,

먹이가 부족한 상황에서 어미 기린이 긴 목을 발현시키는 유전자를 가지는 기린과 상대적으로 짧은 목을 발현시키는 유전자를 가진 기린을 낳았다면 긴 목을 발현시키는 유전자를 가진 기린만이 살아남았을 것이다. 또 이 기린으로부터 태어난 기린들 중

기린이나 돼지나 목뼈는 모두 일곱 개다.
현대의 형질은 그 종의 생존에 적합한 최선의 형질이다.

기린

에서도 더 긴 목을 발현시키는 유전자를 가진 놈만이 살아남고, 이렇게 계속 자연도태가 진행되어서 오늘날 살아남은 기린은 가장 최선의 형질 즉 긴 목을 발현시키는 유전자를 가진 놈들뿐이다.

돼지

돼지의 목이 짧아진 것은 기린과 반대이다. 돼지는 낮은 곳에 놓인 먹이를 먹기 때문에 오히려 목이 긴 것이 살아남는 데 불리하게 작용하고, 그래서 짧은 목을 발현시키는 놈들만이 살아남다 보니까 기린과 마찬가지로 가장 최선의 형질 즉 짧은 목을 발현시키는 유전자를 가진 놈들밖에 없다.

우리 인간의 손과 두뇌도 마찬가지 방식으로 최선의 형질로 되었을 것이다. 손과 머리를 더 잘 쓰는 놈이 살아남고, 그 유전자만이 이어지는 중에, 가장 손과 머리를 잘 쓰는 유전자들만이 살아남았을 것이다. 그러니 우리는 모두 선택받은 사람들이다. 태어날 때 벌써 1억 마리 정자 중의 1의 선택을 받았으니, 로또는 아무것도 아니다. 로또의 당첨확률은 고작 814만 5천 6십 분의 1에 불과하다.

하지만 윌슨은 이런 생물학적 형질만이 아니라 사회적인 제도도 마찬가지 방식으로 설명할 수 있다고 주장한다. 그의 예는 '근친상간'이다. 근친상간을 했을 경우 신체결함을 가진 아이가 태어날 확률이 매우 높으며, 이는 살아남을 가능성을 매우 낮춘다. 그래서 인류는 살아남을 확률, 이를 윌슨은 유전자 적합성(genetic fitness)이라고 부르는데, 이것을 낮게 만드는 근친상간을 금지한다. 유전자 적합성을 높게 만드는 것, 근친상간의 경우에는 하지 않는 것을 장려하는데, 그것이 바로 윤리이다.

기린의 목뼈의 수는 돼지의 몇 배? 한 배

인간의 최선의 형질은 섬세한 손과 큰 두뇌이다.
윤리는 유전자 적합성을 높이는 사회적 제도이다.

마디 33.   인간은 공격적인 동물인가?

모든 동물은 살아가는 데 정도의 차이는 있으나 공격을 생활화하고 있다. 한 동물 학자는

임신한 집쥐 5마리를 야외에 설치한 0.1ha 넓이의 울타리 속에 가두고 먹이를 풍부히 공급해주었다. 28개월이 지난 후 200마리가 넘었는데 결국에는 150마리 수준으로 돌아가 그 상태가 지속되었다. 충분한 공간을 주었다면 계산상으로는 5,000마리가 되어야 한다. 그런데 어째서 불과 150마리에 그친 것일까? 결국 좁은 공간에서 서식밀도가 높아짐에 따라 공격이 증대되어 생식 등 여러 가지 유형의 행동이 교란되었다는 점을 알게 되었다. 즉 우세한 쥐들이 먹이 주위의 땅을 모두 차지했고, 이 때문에 가장자리로 밀려난 쥐들은 쉽게 죽거나 또 이들이 낳은 새끼들의 사망률도 높았다는 사실을 알게 되었다.

아마 이 쥐들은 자본주의 쥐들이었나 보다. 모든 개체들이 싸우지 않고 잘 사는 쥐들도 있는데, 전두환 장군이 쿠데타를 했을 때 줄서는 한국 사람들을 보고 당시 주한

제한된 공간 속에 살 수 있는 개체의 수에는 한계가 있다.

그러므로 강한 자는 유전자를 전달하고 약한 자는 전달하지 못한다.

미군사령관이었던 위컴이 비유했던 레밍(lemming)이 바로 그것들이다. 이들은 우두머리를 따라 맹목적으로 이동하는 것으로 유명하다. 한 해석에 따르면, 이들은 인구밀도가 높아지면, 부두목이 무리의 반을 이끌고 강이나 호수를 향해 질주하여 익사함으로써 인구(人口) 아니 서구(鼠口) 압력을 조절한다고 한다.

여하튼 개체수의 증대는 늘 공격성을 부르기 때문에 인간만이 공격적인 것은 아니다. 이럼에도 불구하고 우리는 '평화로운 동물, 잔인한 인간'이라는 정형화된 생각을 가지고 있다. 침팬지 연구가로 유명한 구달은 자신이 평화로운 동물이라고 여기던 침팬지가 다른 침팬지의 새끼 침팬지를 잡아먹고, 또 무리에서 독립한 다른 침팬지 무리를 공격하여 죽이는 것을 보고 소스라치게 놀란다.

그러나 이는 놀랄 일이 아니다. 평화로운 동물, 잔인한 인간이라는 정형화 자체가 잘못된 것이기 때문이다. 인간은 원숭이와 달리 힘 우선이 아니라 말 우선을 윤리로 장려하여 공격성을 상당히 조절하는 데에 성공했다. (그래도 인간세계에서는 여전히 힘 센 원숭이들이 있다.) 월슨의 주장

비폭력 운동

에 따르면 인간은 다른 동물들보다 특별히 공격성이 높은 동물이 아니다. 연간 1,000 개체 당 살해되는 개체수를 세어보면, 인간의 공격성은 꽤 낮은 순위를 차지한다.

유전자 적합성을 낮추는 근친상간이 윤리적으로 금지되었듯이, 전쟁도 윤리적으로 금지되었을까? 아니다. 전쟁은 선택적으로 긍정되었다. 우선 같은 종족끼리의 전쟁은 금지된다. 친척끼리 죽이는 것은 유전자 적합성을 절대적으로 낮춘다. 다른 종족과 싸우는 것은 유전자 적합성을 높일 수 있다는 조건 아래서만 장려된다. 지나친 공격성은 유전자 적합성에 오히려 부정적이다.

인간은 공격적인 동물인가? 약간 그리고 선택적으로

인간은 사실 별로 공격적이지 않다.
유전자 적합성을 높일 수 있을 경우에만 공격적이 된다.

마디 34.   마오리족은 왜 전사의 춤만 출까?

마오리 전사의 춤

인간의 공격성이 가지는 역사적 아이러니를 뉴질랜드 마오리족의 역사에서 살펴볼 수 있다. 이들은 지구상에서 가장 공격적인 민족에 속했다. 지금은 혀를 내밀고 으르렁대는 민속무용으로만 남아 있는 격렬한 전사의 춤은 바로 이러한 공격성의 잔재이다. 혀를 내밀고 위협하는 것은 뱀인데…

그들은 친족관계가 없는 사람들과 끊임없이 싸웠는데, 이런 전쟁의 주된 효과는 인구의 안정화였다. 집단이 과잉되면 그들은 서로 싸워서 인구를 축소시켰다. 이러한 전쟁은 케냐의 사자가 생태적 조절자로서 전체 생물개체 밀도를 일정한 수준으로 유지하는 것과 유사하다.

하지만 유럽의 화기가 도입되자 상황은 심각하게 변화되었다. 그들의 전쟁은 총이 없는 전쟁으로는 효과적이었지만 총이 도입되자 인구밀도를 유지하는 것이 아니라 오히려 감소시키게 되었다. 20년의 총질 속에 인구의 25%가 줄어들었다. 마오리족들은 자신들의 싸움에 대하여 회의하기 시작하였다. 이후 10년 사이에 기독교로 개

■
■ 총포 이전에 마오리족의 공격성은 유전자 적합성을 높였다.
■ 하지만 이후에는 오히려 이를 낮추었다.

종하면서 전쟁은 전면 중단되었다. 윌슨이 마오리족의 예에서 발견하는 것은 과거의 유전자 적합성과 현대의 유전자 적합성이 다르다는 사실이다.

　　우리는 사람들을 동료와 이방인으로 구분하는 성향이 있다. 그리고 우리는 이방인들의 행동에 매우 두려움을 느끼고 공격을 통해 갈등을 해결하려는 성향이 있다. 이런 학습 규칙들은 지난 수십만 년에 걸친 인간의 진화 과정에서 진화해 온 것일 가능성이 높고, 따라서 그런 규칙들을 최대한 성실하게 지키는 사람에게 생물학적 이익이 제공되기 쉽다.

　하지만 지금도 이렇게 하는 것이 유전자 적합성을 높일까? 창과 화살과 방패로 분쟁을 해결하던 그런 시대의 유전자 적합성은 폭력적 공격성에 의해서 확보되었지만, 각종 과학기술적 무기로 무장한 우리에게는, 마오리족의 예에서 보듯이, 그러한 폭력적 공격성이 반드시 유전자 적합성을 높여준다는 보장이 없다. 오히려 그것은 멸종에 이르는 길일 수도 있다.

　뱀이나 거미를 보고 우리가 놀라는 것은 과거의 삶에서 그것은 아주 위험한 존재였기 때문이다. 하지만 오늘날에는 뱀이나 거미보다 자동차나 총에 의해 더 많은 사람이 죽는다. 그러므로 과거의 본능이 오늘날도 우리를 안전하게 보전해주지는 않는다. 철 지난 유행을 따르는

기피동물 뱀

것은 망신의 지름길이다. 그러기에 오늘날 공격성은 최대한 억제되고 긍정적인 방향으로 승화되어야 할 과거의 생존본능일 뿐이며, 우리는 평화와 공동번영이라는 새로운 본능을 익혀나가야 한다. 그것이 오늘 우리의 유전자 적합성을 높여주기 때문이다.

마오리족은 왜 전사의 춤만 출까? 더 이상 싸우지 않기에

현대 인류의 본능은 수십만 년 동안 형성된 것이다.
상황이 바뀐 지금 예전의 본능은 더 이상 타당성이 없다.

〈마오리 전사의 춤 하카〉

　공격성 높던 마오리의 전사들은 전투에 나아가기 전에 손을 휘젓고 발을 굴리며 전사의 춤을 추었는데, 그 춤이 하카이다. 하카의 '하'는 숨을 의미하고, '카'는 불 붙이다를 의미한다. 그러므로 하카는 숨을 불붙이고, 몸을 활기차게 하고, 정신을 고양시키는 일을 의미한다. 춤은 전사의 기세를 올리고 적의 사기를 떨어뜨린다.

　Ka mate! Ka mate! Ka ora! Ka ora!
　죽음! 죽음! 삶! 삶!
　Ka mate! Ka mate! Ka ora! Ka ora!
　죽음! 죽음! 삶! 삶!
　Tenei Te Tangata Puhuruhuru
　이 자는 털북숭이다.
　Nana I tiki mai whakawhiti te ra
　나에게 다시 햇빛이 비치게 한 자.
　Upane Upane
　사다리를 올려라. 사다리를 올려라.
　Upane Kaupane
　사다리를 올려라. 꼭대기로
　Whiti te ra
　태양이 빛난다.

마오리족은
1867년부터 뉴질랜드 의회 95석 중 4석의 고유 의석을 가지고 있다.

〈마오리 전사의 춤의 여러 모습들〉

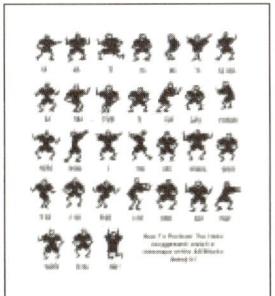

춤의 여러 자세

어린 전사

어른 전사

뉴질랜드 육군에는 마오리족 부대가 있으며
두 사람의 육군 소장도 배출하였다.

마디 35.   일부일처제는 이상적인 제도인가?

일부일처제가 이상적인 제도인지 알아보기 전에, 양성생식 즉 암컷과 수컷이 따로 있어 짝을 이루는 것이 이상적인 형태인지부터 먼저 검토해보자. 사회생물학적 시각에서 보면 양성생식은 그 종의 다양성을 증대시켜 다양한 환경에 적응하게 함으로써 유전자 적합성을 높이기에 이상적이다.

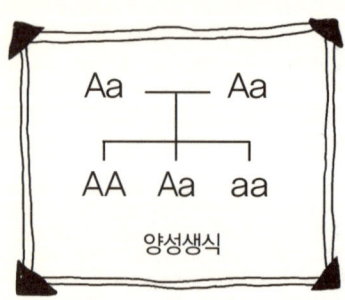

양성생식

예를 들어 Aa라는 유전적 특성을 가진 개체가 단성생식을 한다면 Aa라는 유전자를 가진 개체를 생산할 수 있을 뿐이다. 하지만 양성생식을 한다면 AA, Aa, aa라는 세 종류의 유전자를 가진 개체를 생산할 수 있다. 다양한 유전자 형태를 가진 종이 다양한 환경에서 한 놈이나마 살아남을 가능성이 크기 때문에 양성생식이 생존가능성을 높인다는 것은 물어볼 필요도 없다.

자, 이제 일부일처제가 이상적인 제도인지 검토해보자. 많은 사회에서 일부일처제를 이상적인 결혼형태라고 표방하고 있다. 하지만 사회생물학적 시각에서 보면 (쉿!

■ 종의 다양성이 다양한 환경에서 생존하는 비결이다.
■ 일부일처제는 생물학적 근거를 갖지 못한다.

여기서부터 off the record) 일부일처제는 이상적이지 않다. 왜냐하면 일부다처제가 유전자 적합성을 더 높이기 때문이다.

난자는 정자보다 85,000배나 더 크며, 여성은 평생 겨우 400개 정도의 난자를 생산할 수 있고, 이 중 기껏해야 20개 정도만을 실제로 이용할 수 있다. 이에 반해, 남성은 한 번 사정할 때마다 약 1억 마리의 정자를 방출하고, 사정 횟수도 크게 제한이 없다. 그러므로 남성과 여성은 생식의 기회가 다르다. 남성은 이론적으로 수천수만 명의 아이를 낳을 수 있지만, 여성은 20명 정도에 불과하다. 실제적으로는 조선왕조에서 가장 자식이 많았던 왕 태종 이방원은 12남 17녀 즉 29명을 두었다.

남자는 생식의 기회가 많으므로, 여러 여자와 생식을 할 수 있고, 그렇다면 유전자 적합성을 높이는 최선의 결합은 유전적 형질이 제일 좋은 한 남자가 여러 여자와 결합하는 것이다. 이는 소나 말을 형질이 제일 좋은 놈을 찾아 흘레붙이는 형질 개량법에서 바로 입증된다. 그러므로 일부일처제는 전체적으로 보아 더 좋은 2세를 낳을 수 있을 가능성을 줄이게 된다. (on the record) 물론 개인적으로 나는 일부다처제를 반대한다.

당기면 못이기는 척

윌슨은 이러한 생물학적 사실로부터 남자와 여자의 성적인 태도 또한 결정된다고 보고 있다.

> 수컷들은 공격적이고, 성급하며, 변덕스럽고, 무차별적일수록 [유전자 적합성에서] 유리하다. 이론상 암컷들은 최고의 유전자를 가진 수컷들을 식별해낼 수 있을 때까지는 수줍어하고 주저할수록 [유전자 적합성에서] 더 유리하다.

일부일처제는 이상적인 제도인가? 사회생물학적으로는 아니다.

남자의 서투름이나 여자의 수줍음은
그들이 만드는 생식세포의 숫자에 달려 있다.

마디 36.   인간은 왜 성(SEX)에 탐닉할까?

고대 그리스 사람들은 인간과 동물의 성생활을 비교하여, 동물은 특정한 시기에만 교미하지만 인간은 사시사철 교미한다는 점을 발견하고서 이를 신이 인간에게 준 특별한 선물이라고 생각하였다.

싸우는 숫사슴들

윌슨은 이러한 교미방식이 남성들 사이의 적대감을 고조시키지 않기 위한 생물학적 적응이라고 설명한다. 일반적으로 동물들은 암컷의 발정기에 수컷들끼리 서로 다투게 되고 적대적인 행동을 하게 된다. 사실 한 여자를 놓고 두 남자가 다투는 것은 드라마의 변함없는 주된 플롯이기도 하다.

그러나 인간의 암컷은 자신의 발정기를 따로 가지지 않음으로써 이러한 수컷들 간의 투쟁을 둔화시켰다. 이렇게 하여 수컷들은 서로 협력하여 공동의 관심사를 추구할 수 있었고 그리하여 종족의 생존가능성을 높일 수 있었다.

또 다른 관점에서 보면 수컷과 계속적으로 성관계를 가짐으로써 그 수컷과의 결속

인간은 사시사철 성에 탐닉한다.

성적 탐닉은 유전자 적합성을 높인다.

력을 강화할 수 있다. 이것이 중요한 것은 새끼가 오래 성장하는 동안 암컷과 새끼를 계속 돌보아줄 수컷이 필요하기 때문이다.

만약 수컷이 한 암컷을 임신시킨 다음 다른 암컷을 찾아 떠나게 되면 암컷은 혼자서 아이를 키워야 하는 부담을 지게 된다. 부담을 나누어지려면 수컷을 붙잡아 두어야 하는데, 그 수단으로 성을 제공했을 것이라고 일부일처제를 옹호하는 사람들은 말한다.

윌슨은 바로 여기가 가족제도가 탄생한 곳이라고 지적하고 있다.

수렵 채집 사회의 여성은 육아에 함께 참여하고 고기와 은신처를 제공해주는 충직한 남자를 확보하는 편이 유리하다. 남성은 그 대가로 여성에 대한 배타적인 성적 권리를 획득하고 여성의 경제적 생산력을 독점하는 것이 이익이 된다. … 이런 이익의 교환은 거의 보편적인 남녀 결합인 아내와 남편을 중심으로 한 확대가족을 퍼뜨리게 될 것이다.

오늘날 수만 년을 이어온 가족제도는 위기를 맞고 있다. 산업사회는 가족단위의 생산체제를 개인단위의 생산체제로 변환시킴으로써 가족제도를 근본적으로 흔들어놓았다. 산업사회와 더불어 대가족이 해체되어 핵가족이 되었는데, 후기산업사회에서는 핵가족마저 해체되어 부모 중에 한 쪽이 없거나 아예 부모가 없는 경우가 늘어나고 있다.

가족해체

하지만 사회생물학적 입장에서 본다면, 가족은 방식이 다소간 바뀐다고 하더라도 여전히 유지될 것이다. 왜냐하면 가족제도는 유전자 적합성을 높이는 데에 크게 기여하기 때문이다. 이 점은 과거에도 그러했지만 현재에도 여전히 그러하다.

인간은 왜 성에 탐닉할까? 종족과 자식의 생존에 유리하기에

가족제도는 성을 통한 유대감과 분업에 근거한다.
가족의 완전한 해체는 결코 일어나지 않을 것이다.

마디 37.   동성애 유전자는 어떻게 살아남았을까?

인간에 적용된 사회생물학적 입장은 다음과 같이 정리된다.

동성애자

① 생식을 통한 유전자의 전달이 인간들의 생존경쟁 즉 공격성을 유발하는 중심요인이며 ② 인간들 즉 남자와 여자는 자신의 유전자를 다음 세대에 전달하는 기회를 극대화하는 방식으로 행동하며 ③ 현재 인간의 신체적 행동적 특징은 자연선택의 진화과정을 통하여 살아남은 최선의 특징들이다.

이럴 때에 생기는 가장 곤란한 물음이 '그러면 동성애자들은 어떻게 살아남았을까?'라는 질문이다. 그들은 우선 생식을 하지 않고 그러기에 유전자를 전하지도 않고 그러기에 자연선택에서 도태되어야 마땅하기 때문이다. 사회생물학은 이러한 문제제기에 대하여 친족선택가설(kin-selection hypothesis)로 답한다. 즉 동성애자들은 자신들이 직접 자손을 남기지는 못했지만 친족들의 자손들이 살아남는 데 기여함으

자신의 자손을 통하지 않고도 유전자를 전달할 수 있다.

동성애자는 조카와 질녀의 유전자 적합성을 높일 수 있다.

로써 자신의 유전자를 간접적으로 남겼다는 것이다.

예를 들어 심한 흉년이 들었을 때 사람들이 자신들은 먹고 남지만 아이들까지 먹이기에는 모자라는 음식을 가지게 되었다면, 자식을 낳지 않은 삼촌이나 이모 등은 조카나 질녀가 살아남는 데에 도움을 줄 수 있다. 그러면 조카나 질녀와 그들이 공유하는 유전자는 조카와 질녀를 통하여 전달될 수 있다. 이는 용감한 전사들이 비록 그들이 전쟁터에서 죽는다고 하더라도 그 용감한 유전자가 계속 살아남는 이유를 설명하는 데에도 적용된다. 그들의 유전자는 그들의 죽음을 무릅쓴 용감성을 통하여 유전자 적합성이 높아진 조카나 질녀를 통하여 전달될 수 있다.

포스와 크나르백

2002년 1월 15일, 덴마크에 이어 세계에서 둘째로 동성애자의 결혼을 법으로 인정한 노르웨이의 페르-크리스티안 포스 재무장관이 동성 파트너인 노르웨이 언론 그룹의 경영인인 얀 크나르백과 스웨덴에서 결혼식을 올렸고, 이는 전세계에 '노르웨이의 정·재계 최강의 커플'이라는 제목으로 해외토픽으로 전송되었다.

오늘날 우리는 동성애자들의 커밍아웃(coming out) 속에 살고 있다. 그들은 이제 더 이상 벽장의 어둠 속에 머물려고 하지 않는다. 과거의 성윤리에서 보았을 때는 참으로 이해하기 어려운 상황이다. 하지만 사회생물학적 지식은 우리가 더 이상 인습에 빠져 있지 못하게 한다. 동성애자처럼 직접 생식을 하지 않는 방식으로 종족의 유전자 적합성을 높이는 사람들이 있었고 있다는 사실을 수용해야 한다. 때로 그들은 매우 중요한 역할을 맡기도 했다. 우리가 새로운 성윤리를 생각할 때, 이러한 점들을 고려하지 않으면 아니 된다.

동성애 유전자는 어떻게 살아남았을까? 조카나 질녀를 통하여

친족 선택가설은
생식 없이 유전자를 전달하는 메커니즘에 대한 가설이다.

마디 38.   유전자는 이기적인가?

이기적 유전자

도킨스(Richard Dawkins)는 1993년 『이기적 유전자』라는 책을 발간하였다. 하지만 도킨스가 말하는 '이기적'이라는 표현 속에는 친족선택가설에 의해서 설명되는 '이타적' 행위도 포함된다. 그러므로 유전자가 이기적이라고 해서 그 유전자가 들어 있는 개체가 반드시 이기적이라고 생각해서는 아니 된다.

이러한 예들은 자연에서 얼마든지 발견된다. 예를 들어, 독수리의 공격을 받는 새들은 독수리에게 자신의 위치가 노출될 위험에도 불구하고 동료 새들에게 경고신호를 보낸다. 제인 구달의 보고에 따르면 침팬지는 고아 침팬지를 양자로 입양하는데, 능력 있는 암컷이 아니라 친척 침팬지가 그렇게 한다. 윌슨이 들고 있는 예는 흰개미이다.

친족선택은 자연선택의 한 부분이다. 자기희생적 흰개미 병정은 그 부모인 여왕과 왕을 포함한 군체의 구성원을 보호한다. 그 결과 병정개미보다 번식력이 더 뛰어난 자

동물들은 개체 수준에서 이타적으로 행동함으로써
군체 수준에서 유전자 적합성을 높이고자 한다.

　　매가 번성하게 되고, 그들을 통해 질녀와 조카가 더욱더 늘어남으로써 이타적 유전자
는 증식하는 것이다.

　　하지만 이러한 이타주의는 '같은 유전자 풀(pool)에 속하는' 개체들 간의 이타주
의에 불과하며, 이는 또한 사회생물학이 비난받는 이유이기도 하다.

　　다른 동물과 달리 별다른 재주를 가지지 못했던 나약했던 인간은 사회를 형성함으
로써 살아남게 되었다. 개체 수준의 이기적 동기의 단순한 실현이 군체 수준의 유전
자 적합성을 오히려 낮추게 되기 때문에, 유전자 내지 대아(大我)를 위한 개체 내지
소아(小我)의 희생을 통해 유전자 적합성을 높이는 메커니즘을 가지게 되었다. (하지
만 이것이 오용된 경우도 수없이 많았다. 조심하라!)

　　그렇다고 하더라도 이타성의 범위가 유전자 공유자로 한정된다고 한다면 이것은
결국 같은 유전자 풀에 속하지 않는 존재자에 대해서는 결코 이타적일 수 없다는 결
론을 가져온다. 그리고 이는 오늘날과 같은 지구적 상황에서는 다른 유전자의 제거
를 의미하게 될 것이다.

　　그렇다면 사회생물학은 이러한 이론적 귀결을 어떻
게 받아들이는가? 사실이 그러니 그냥 받아들이자고?
아니면 다른 유전자 풀에 속하는 사람끼리 혼인을 조장
하여 유전자 풀을 전 세계로 확장하자고?

　　윌슨은 인간이 해파리처럼 군체 수준에서 최종선택을

상어

하기보다는 상어처럼 개체 수준에서 최종선택을 행한다고 지적하면서 인간이 다른
유전자 풀을 제거하고자 시도하지는 않을 것이라고 주장하고는 있다. 하지만, 글쎄?

유전자는 이기적인가? 그렇다.

유전자는 이기적이더라도,
개체는 친족선택의 원리에 따라 이타적일 수 있다.

〈이기적 유전자를 풍자한 만화들〉

마침내 '이기적 유전자'를
분리해내었다.
이는 나의 것이다.
이 모든 것은 나의 것이다.

젊은이, 내가 길을 건너게 좀 도와줄래?
싫습니다. 왜 싫어?
상호적인 이타주의를 기대할 근거가 없잖아요

진! 넌 나의 남자친구야!
그래서 어쨌다고? 왜 린드세이와 뽀뽀하는 거야?
나는 다만 너와 다른 나의 재생산 능력을 극대화하려는 것뿐이야, 내 사랑.

유전자 적합성을 높인다고 지적되는 행동이

실제로 유전자 적합성을 높이지 못하는 경우는 어떤 때일까?

〈이타주의에 대한 여러 설명적 가설들〉

1. 상호적 이타주의(mutual altruism): 내가 다른 사람에게 베풀면 다른 사람들도 나에게 베풀어 어려울 때 서로 도움으로써 생존하여 진화한다는 생각.
2. 친족선택(kin selection): 진화가 개인이 아니라 유전자나 친척관계에 있는 복사본의 생식적 적합성을 최대화하는 방향으로 움직인다는 생각.
3. 집단선택(group selection): 자연선택이 유전자나 개인 유기체 수준에서만 작동되는 것이 아니라 벌떼나 가축떼와 같은 유기체들의 떼거리 수준에서도 일어나는데, 이러할 때 이타적인 존재가 많은 떼거리가 생존하여 진화한다는 생각.
4. 성적 선택(sexual selection): 타자에 대한 진정한 관심이 생식적 적합성(reproductive fitness)의 표식이라는 생각. 즉 형질이 나쁜 존재는 자신을 돌보고 다른 존재를 돌볼 여유가 없기 때문에 이타성은 좋은 형질을 지녔다는 증거가 되기에 생존하여 진화한다는 생각.
5. 문화선택(cultural selection): 집단이 이타적 문화를 가졌을 때 살아남기 때문에 이러한 문화를 도입하고 유지하고 발전시키는 집단이 생존하여 진화한다는 생각.

도킨스의 『이기적 유전자』만 있는 것이 아니라
허들희의 『이타적 유전자』도 있다.

마디 39.   인간은 이타적일 수 있는가?

인간이 이타적이지 않다는 이야기는 미국의 목사였던 니부어(Reinhold Niebuhr) 가 1932년에 발간한 책 『도덕적 인간과 비도덕적 사회』에서 이미 제기되었다. 그는 사회 내의 인간들끼리는 도덕적으로 행위하더라도 사회 밖의 인간들에 대해서는 얼 마든지 비도덕적으로 행위할 수 있다고 지적하였다. 하기야 도둑에게도 의리는 있 다. 이는 유전자 풀을 공유한 사람들끼리는 이타적일 수 있지만, 풀 바깥의 사람들에 게는 이타적일 수 없다는 사회생물학의 결론과 상통한다.

착한 사마리아 사람

월슨 또한 성서의 한 구절, "온 천하에 다니면서 만민에게 복음을 전파하라. 믿고 세례를 받는 사람은 구원을 얻을 것이 요, 믿지 않는 사람은 정죄를 받으리라"라는 구절을 인용하면 서 기독교 또한 마르크스-레닌주의와 마찬가지로 이기적인 내 집단 이타주의 즉 종교적이거나 정치적인 신념을 같이하는 사 람들만을 위해서 희생하는 이타주의라고 지적하고 있다.

하지만 '착한 사마리아 사람'의 비유는 기독교가 결코 내집단 이타주의에 머물려

도덕적 인간들이 비도덕적인 사회를 구성할 수 있다.

흠 없는 그리스도인은 끼리끼리 사랑하는 사람이 아니다.

고 하지 않았음을 보여주고 있다. 또 목사인 니부어가 '비도덕적 사회'를 꼬집은 것은 이러한 전통을 따라서 국가와 계급들의 이기주의를 비판하고 '도덕적 인간과 도덕적 사회'를 지향했기 때문이었다.

물론 윌슨은 유전자 유일 결정론자 즉 유전자가 모든 것을 결정한다는 그런 주장을 펴는 사람은 아니다. 그는 일란성 쌍둥이조차도 동일한 삶을 살지 않는다는 것을 잘 알고 있는 사람이다. 그러나 그럼에도 불구하고 그는 "숭고한 도덕 가치들의 문화적 진화가 스스로 방향을 설정하고 자체 추진력을 획득하여 유전적 진화를 대체할 수 있을 것인가?"라고 자문하고 "나는 그렇게 생각하지 않는다"라고 부정적인 답을 하고 있다.

윌슨의 그러한 결론은 인류에 대한 과소평가이다. 적십자사를 창설한 앙리 뒤낭이나 인도의 비폭력 독립운동을 주도한 마하트마 간디, 그리고 인도의 빈민운동가 마더 테레사와 같은 인물들은 이러한 가능성을 충분히 실증하였다.

간디

프랑스의 철학자 베르그송은 가정과 조국과 인류에 대하여 사색하면서 이러한 각각의 사회의식 사이에 단순한 정도의 차이가 있는 것이 아니라 본성의 차이가 있다고 생각하였다. 그래서 그는 이기주의는 결코 요소적 이타주의가 아니며, 이타주의는 확산된 이기주의가 또한 아니라고 결론지었다.

그는 윌슨과 달리 생에는 비약이 있으며, 이러한 비약을 통하여 인간에게는, 내집단적인 이타주의, 확산된 이타주의가 아닌, 진정한 이타주의가 가능하다고 보았다. 동물과 인간 사이에는 본질적인 차이가 있다.

인간은 이타적일 수 있는가? 물론이다.

이기주의를 확장시킨다고 이타주의가 되지는 않는다.
이타주의는 유전적 진화가 아니라 문화적 진화의 산물이다.

마디 30. 우리는 유전자의 그릇일 뿐

마디 31. 우리는 과연 그릇인가?

그렇다.

마디 32. 기린의 목뼈의 수는 돼지의 몇 배?

한 배

마디 33. 인간은 공격적인 동물인가?

약간 그리고 선택적으로

마디 34. 마오리족은 왜 전사의 춤만 출까?

더 이상 싸우지 않기에

마디 35. 일부일처제는 이상적인 제도인가?

사회생물학적으로는 아니다.

마디 36. 인간은 왜 성(sex)에 탐닉할까?

종족과 자식의 생존에 유리하기에

마디 37. 동성애 유전자는 어떻게 살아남았을까?

조카나 질녀를 통하여

마디 38. 유전자는 이기적인가?

그렇다.

마디 39. 인간은 이타적일 수 있는가?

물론이다.

사회생물학적인 지식은
진화적 적응이 아니라 문화적 적응을 가능하게 한다.

MEMO

인간은 본성이 무르익기 전에 세상에 나온다.

그래서 부족한 본성을 다른 것으로 채워야 한다.

인간은 본성이 무르익기 전에 세상에 나온다.
그래서 부족한 본성을 다른 것으로 채워야 한다.

 **인간은 너무 일찍 나온다**

인간은 다른 동물들과 마찬가지로 설계되었을지도 모른다. 하지만 설계되었다고 모두 실현되는 것은 아닌 법, 인간에게는 예기치 않은 사건이 생겨났는데, 그것은 너무 일찍 세상에 태어난 것이었다. 조산아 인간은 뜸을 더 들여야 하는 설익은 밥과 같았다. 그래서 설계와 다른 것들이 인간에게 생겨났다. 이러한 인간의 제멋대로의 모습을 40번으로 시작하는 마디들에서 알아보자.

인간학(anthropology)의 어원은 그리스어 인간(anthropos)이다.
사람(human)의 어원은 라틴어 지구(humus)이다.

마디 41. 근친상간의 금기는 왜?

    사회생물학에서는 근친상간의 금기가 유전적 결함이 있는 아이를 생산하여 유전자 적합성을 떨어뜨리지 못하도록 고안된 사회적 장치라고 설명한다. 하지만 사회생물학을 비판하는 사람들은 만약 그것이 그러한 금기의 목적이었다면 진화과정에서 근친상간의 유전자가 자연도태되어 그와 같은 금기가 필요 없었을 것이라고 지적한다.

    대부분의 사회들에 근친상간의 금기가 있다는 것은 유전적 결함이 있는 아이를 생산하지 않도록 하는 것이 아닌 어떤 다른 목적이 있다고 문화인류학자들은 주장한다. 그들이 주장하는 그 다른 목적이란 다른 부족과 동맹을 맺는 것이다.

혼인

    먼 옛날의 사람들은 자급자족할 수 없는 필수품의 교환을 위해서나, 갑작스런 기근이나 외적으로부터의 침입에서 살아남기 위해서는 동맹관계의 다른 부족에 의존해야만 했다. 그런데 이러한 동맹을 맺는 가장 좋은 방법은 가장 귀중한 재산인 아들과 딸, 형제와 자매를 교환하는 것이었다.

근친상간의 금기는
유전자 적합성을 높이기보다는 혼인동맹을 위한 것이다.

  자신의 아들과 딸, 형제와 자매가 상대방 집단의 한가운데서 살고 일하며 자식을 낳도록 하는 것, 이것이 동맹의 가장 효율적인 방식이었는데, 이를 '혼인동맹'이라고 부른다.

  사실 이러한 혼인동맹은 적대적인 관계에 있을 때에도 맺어졌는데, 이러할 때에는 혼인이 인질교환의 성격도 있었다. 이러한 동맹이 반드시 전쟁을 방지하지는 못하였지만, 그래도 미루거나 완화시킬 수는 있었다. 왜냐하면 적의 귀족계급에 자기의 딸과 자매가 있었기 때문이었다.

  우리 역사에서도 이러한 혼인동맹의 기록들이 보이는데, 가장 성공적인 유명한 예는 신라에 항복한 금관가야의 구형왕의 증손자인 김유신이 여동생 문희를 신라왕족 김춘추에게 시집 보낸 것이다. 이들의 혼인동맹이 삼국을 통일하는 원동력이 되었다.

김춘추

  오늘날에도 이러한 혼인동맹은 여전히 활용되고 있는데, 참여연대 부설 참여사회연구소의 조사에 따르면 우리나라의 재계, 정관계, 언론계의 지도자들은 복잡한 혼인동맹을 통하여 기득권을 재생산하고 있다고 한다.

  여하튼 이러한 예들에서도 볼 수 있는 것처럼 혼인동맹은 과거나 현재나 생존하기 위한, 또는 세력을 확장하기 위한 훌륭한 수단인데, 이러한 동맹을 위한 자원을 확보하기 위하여 근친상간은 금지되어야 했다고 문화인류학자들은 지적한다.

  해리스(Marvin Harris)는 『작은 인간』에서 근친상간의 금기와 관련하여 "근친 교배에 대한 혐오와 공포와 분노는 사람들 사이의 교환의 파기가 집단의 모든 성원에게 가져올 위험을 반영하는 것"이라고 지적하고 있다.

근친상간의 금기는 왜? 혼인동맹을 위하여

우리 역사에서 가장 성공적인 혼인동맹 중의 하나는
김유신과 김춘추의 동맹이었다.

마디 42. 인간학이란 무엇인가?

　　동물들은 근친상간의 금기를 가질 수 없다. 왜냐하면 동물들은 생물학적 고려 이상의 고려를 하지 않기 때문이다. 그렇다면 인간은 왜 다른 동물과 달리 생물학적 고려 이상의 것을 행하는가? 이 물음에 답하기 위해서는 인간을 문제 삼는 '인간학'을 잠시 들여다보아야 한다.

　　인간학(Anthropology)은 인간에 관한 학문인데, 서양의 고대에서 그 예를 찾아본다면 의학적 목적으로 인간의 신체를 연구한 히포크라테스나 역사적 목적으로 민족의 풍습을 기록한 헤로도토스를 들 수 있다.

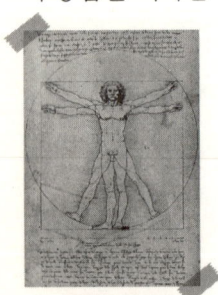

인간의 신체

　　하지만 인간학이라는 말은 16세기 말에 만들어졌으며, 17세기에 독일의 철학자 칸트는 철학의 모든 문제는 인간학에 귀착된다고 주장하였다. 19세기에는 다윈의 진화론과 더불어 인간학 연구도 활기를 띠게 되었는데, 20세기에 들어서는 민족들의 생물적 측면을 연구하는 형질인간학(physical anthropology)과 문화적 측면을 연구하는 문화인간학(cultural

인간학은 인간의 생물적 측면을 연구하는 형질인간학과
문화적 측면을 연구하는 문화인간학으로 대별된다.

anthropology)이 활발하게 연구되었다.

이 책 10에서 39까지의 마디들에서 인용된 고인류나 인간의 생체기관 그리고 생물적 특징들에 대한 연구들은 형질인간학에 속하며, 40에서 69까지의 마디들에서 인용될 인간의 사회적 피조성이나 창조성 그리고 차별성에 대한 연구들은 문화인간학에 속한다고 볼 수 있다. 그러니 이 책의 다른 이름은 『인간학』이다.

인간학과 인류학이라는 말은 뒤섞여서 사용된다. 우리말로는 다르게 번역되기는 하지만, 영어식의 표현은 모두 anthropology이다.

인간학에는 앞에 다양한 접두사가 붙는 하위 인간학들이 많이 있다. 의료인간학, 교육인간학, 심리인간학 등이 그런 것들이다. 하지만 접두어가 붙어도 그 모든 인간학들을 포괄하는 인간학도 있는데 그것이 바로 철학적 인간학(philosophical anthropology)이다.

민족의 의상

예를 들어, 근친상간의 금기에 대하여 형질인류학은 그것이 근친이 아닌 사람과 교섭을 통하여 유전자 풀을 다양화하게 한다고 주장하지만, 문화인류학은 그것이 근친의 교환을 통한 사회적 삶을 확대하게 한다고 주장한다. 하지만 철학적 인간학은 생물학적 교섭이든 사회학적 교섭이든 인간은 자신이 아닌 다른 인간을 통하여 자신의 존재를 개선하고 발전시켜 나갈 수 있다고 주장한다.

여하튼 인간학에 따르면 인간은 생물적 원리를 초월하여 문화적 원리의 지배도 받는 특수한 존재이기 때문에 생물적 고려 이상의 고려를 하게 된다. 인간은 인간으로 태어나지만 또 되어가기도 한다.

인간학이란 무엇인가? 인간의 형질과 문화를 연구하는 학문

인간학에는 많은 하위 세부 인간학들이 있으며, 이들을 포괄하는 철학적 인간학도 있다.

마디 43.　인간은 얼마나 일찍 나오는가?

　　인간이 이렇게 생물적 한계를 초월하여 문화적 존재에로의 길을 걷게 된 데는 인간의 조산이 결정적이었다고 인간학자들은 말한다. 인간은 너무 일찍 이 세상에 태어나며, 이런 까닭으로 어머니 뱃속에서 충분히 익혀야 할 본능을 부분적으로밖에 가지지 못한 채 이 세상에 던져졌다는 것이다.

아기 말

　　그렇다면 인간은 얼마나 먼저 이 세상에 태어날까? 스위스의 발생학자 포르트만(Adolf Portmann)은 다른 동물들이 태어날 때의 신체비율이 다 자랐을 때의 신체비율과 같은 데 반해, 인간의 아기는 어른과 신체비율이 같지 않다는 점에 착안했다. 그래서 태어나서 언제 어른과 신체비율이 같아지는지를 조사해보았더니 생후 1년이었다. 그래서 그는 인간은 21개월에 태어나야 하는데, 1년 앞서 먼저 태어난다고 지적하였다.

　　이는 우리의 실제적인 경험으로 보아도 사실 쉽게 확인할 수 있는 것이다. 사슴이

　　인간의 원래 임신기간은 21개월이었으나,

　　1년 먼저 이 세상에 나온다.

나 말이나 기린의 새끼들이 태어나면 바로 어미와 같은 모습으로 일어선다. 인간이 이렇게 하기까지는 거의 1년이 넘게 걸린다. 이로 보아도 우리가 1년 먼저 태어난다는 것을 짐작할 수 있다.

하지만 이렇게 1년 먼저 태어난다는 것은 인간에게 치명적인 것이다. 왜냐하면 다른 동물들처럼 우리가 애초에 어떤 특별한 설계도에 따라 만들어졌다고 해도, 설계도에 따르는 제작이 다 끝나기도 전에 세상에 나옴으로써 설계도대로 만들어질 기회를 영원히 상실하였기 때문이다. 다른 동물들은 세상에 대처할 준비를 다하고 나오지만, 유독 인간만은 제대로 된 준비도 없이 이 세상에 나온다.

그래서 인간은 학습을 하지 않으면 아니 된다. 삶에 대처할 본능이 충분히 갖추어지지 않았기 때문에, 있어야 했지만 부족한 본능을 대신하기 위하여 제 2의 본능으로서 조상들의 삶의 지혜를 학습하지 않으면 안 된다. 그렇다면 우리가 후천적으로 배워야 하는 것은 얼마나 될까?

책 읽는 아기

우리의 일반적인 기대와 달리, 인간의 언어는 물론이고 인간의 직립자세조차 인간의 순수한 본능이 아니다. 1920년에 인도의 캘커타 근처 마을에서 늑대 무리와 함께 발견된 두 소녀는 그 후 인간적인 환경 속으로 옮겨져 카마라(Kamala)와 아마라(Amala)라는 이름으로 양육되었지만 손으로 음식을 먹지 못했고, 네 발로 뛰었으며, 침팬지 수준의 언어밖에 습득하지 못하고, 일찍 죽었다. 당신도 늑대굴에 던져졌다면 이와 같았을 것이다.

이를 보면 인간은 곧추 서는 자세부터 각 민족의 언어는 물론이고 다양한 생활습관까지 파충류의 뇌가 맡은 것을 빼고 거의 모든 것을 배워야 한다는 것을 알 수 있다.

인간은 얼마나 일찍 나오는가? 1년

인간은 조산으로 부족한 본능을 가지고 태어난다.

이를 학습을 통해 보충함으로써 제 2의 본능을 획득한다.

〈늑대 소녀 아마라와 카마라〉

동물에 의해 길러진 아이들에 대한 기록은 여럿 있다. 가장 최근의 기록으로는 1999년에 영국의 BBC방송에서 방영된 John Ssabunnya의 이야기가 있는데, 우간다의 이 어린이는 어릴 때 숲으로 들어가 원숭이의 양자로 입양되어 몇 년 동안 같이 살았는데, 인간세상으로 돌아온 다음에도 새로 만난 원숭이들과 두 시간이면 사귈 수 있었다.

아마라와 카마라는 1920년에 보고된 경우인데, 인도 북부의 목사 싱(Singh)이 늑대굴에서 찾아낸 이 아이들은 발견 당시 3살과 5살 정도였다. 싱은 자신이 운영하는 고아원에서 아이들을 길렀는데, 큰 애를 카마라, 작은 애를 아마라라고 이름 지었다.

싱의 보고에 따르면, 이들은 늑대와 전혀 다르지 않았는데, 그들은 옷을 찢었고 고기를 날로 먹었으며 잘 때에도 늑대처럼 몸을 둥글게 말고 잠을 잤다. 달이 떠야 깨어서 활동하기 시작하였으며, 네 발로 뛰어다녔다. 그들은 웃지 않았으며 두려움만 표시하였다. 밤눈이 아주 밝았으며 냄새를 잘 맡았고 청력도 아주 좋았다.

아마라가 병이 들어 죽은 다음 카마라는 천천히 인간사회에 적응했는데, 1929년에 병이 들어 죽을 때까지 완전히 직립하지 못하였으며, 달리고자 할 때는 다시 네 발로 뛰었다. 익힌 단어들도 수십 단어에 불과했다. 싱의 일기장을 근거로 나중에 미국의 아동학 전문가 Gesell과 문화인류학자 Zingg가 책을 발간하였다.

아마라와 카마라는 인간으로 태어났지만, 늑대로 자랐다.
그들은 직립자세도 언어능력도 제대로 갖추지 못했다.

〈새로 태어난 사슴과 인간〉

태어난 지 10분 내에
새끼는
어미의 젖을 찾아 빤다.

며칠 내에 새끼들은
빠른 속도로 달릴 수 있고
소리로 어미와 교신한다.

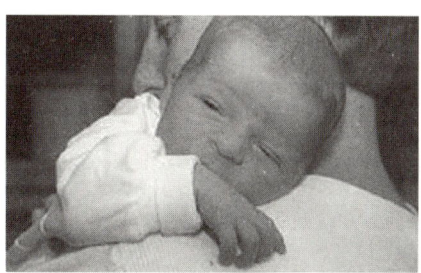

1년 후에도
새끼 사슴처럼 뛰지 못한다.

태어난 순간에 사슴은 신체적으로 인간보다 앞서 있지만,

인간은 커서 나중에 사슴 사냥꾼이 된다.

마디 44. 어른이 되는 데 걸리는 시간은?

신생아

인간은 1년 먼저 이 세상에 나오기 때문에 이 세상에 나온 다음에 비로소 아기집 속에서 자랄 것을 마저 자란다. 그러므로 다른 동물들보다 유아기가 1년이 더 있다. 또한 인간은 사촌인 침팬지가 목숨을 다할 때까지도 계속 성장하므로 아주 긴 성장기를 갖는다.

이러한 성장기는 크게 보면 세 단계로 나누어지는데, 우선 인간은 첫해에 유인원보다 두 배나 빠르게 성장한다. 포르트만은 이러한 성장이 인간이 출생 이후에도 여전히 태생적 단계에 있으면서 태아형 발육 즉 신장과 체중의 급격한 성장을 하고 있다는 점을 보여준다고 지적하고 있다.

하지만 2세에서 9세까지는 더딘 성장을 하는데, 8년에 걸쳐 성장하는 것이 첫 해에 성장한 것의 두 배에 지나지 않는다. 이러한 성장 패턴 또한 다른 영장류와 아주 다른 것인데, 학자들은 이러한 패턴이 신체적 성장이 완성되면 뇌는 더 이상 성장하

■ 인간은 이봉 낙타의 등 모양의 성장 사이클을 갖는다.
■ 인간의 뇌는 첫해에 200%, 둘째 해에 25%, 셋째 해에 15% 자란다.

지 않기 때문에 뇌를 성장시키기 위하여 다른 성장을 지체시키고 있기 때문이라고 설명한다. 늘 얻는 것이 있으면 잃는 것이 있다!

10세에서 16세까지 다시 빠른 성장을 하게 되는데, 그 전의 두 배 정도의 속도로 다시 성장한다. 이는 뇌의 성장이 끝난 다음 지금까지 억제해 놓았던 성장의 과정을 급격히 재개하는 것으로 보인다. 이렇게 하여 사춘기가 지난 다음에도 개인적인 편차를 가지고 25세까지는 계속 성장한다. 보통 동물은 성장기의 5배를 살기에 인간의 수명은 125세이다. 당신은 지금 몇 살인가?

인간의 긴 성장기는 생물학적으로만 정해지는 것이 아니다. 문화적으로도 정해진다. 인간에게 충분한 본능이 결여되어 있기 때문에 자신의 부족한 본능을 다른 어떤 것으로 채우는데, 그 다른 어떤 것이 조상과 동료들의 삶의 방식 곧 문화이다.

문화란 무엇인가? 그것은 카마라와 아마라가 가지지 못한 것이었다. 그것은 어린 아이가 다른 인간과 함께 살면서 보고 배우고 익히게 되는 것이다. 문화에는 행동습관, 언어, 사고, 행위유형, 기술 등이 포함된다.

특히 인간의 긴 성장기는 사회와 기술의 복잡성과 관련이 있다. 한 사회의 구성원이 되기 위하여 익혀야 하는 정보 내용이 많으면 많을수록 성장기는 더욱 길어야 한다. 춘향이가 몽룡이와 연애할 때가 16살 중3이었다.

춘향보다 나이 많은 학생들

오늘날 남태평양의 원주민 사회에서 어른이 되는 기간과 한국사회에서 어른이 되는 기간은 차이가 클 수밖에 없다. 또 한국사회에서도 단순직보다 전문직 종사자가 되기 위해서는 더 오랜 시간이 걸린다. 어른이 되는 데 걸리는 시간은 필요한 정보의 양에 달려 있다.

어른이 되는 데 걸리는 시간은? 사회에 따라 다르다.

문화 획득에 걸리는 시간은 수준이 높을수록 오래 걸린다.
줄리엣과 춘향이가 목숨을 걸고 연애한 것은 열여섯 살 때였다.

마디 45.   언제까지 살아야 할까?

　인간의 성장기가 길기 때문에 인간의 성년기도 이에 대응하여 길지 않으면 아니된다. 무력한 청소년기 동안 자식을 보호하고 훈련시키기 위해서는 부모가 오랫동안 살아남아 있어야만 하기 때문이다. 그러므로 인간은 거의 대부분의 동물보다 더 오래 산다. 인간과 가까이 지내는 개는 12-15년을 살 뿐이고, 인간과 유전적으로 가장 가까운 유인원도 20-30년을 살 뿐이다.

　현생인류와 더불어서 지구의 지배권을 다투었으리라 짐작되는 네안데르탈인의 수명은 40세였던 반면 같은 시대에 살았던 우리의 조상의 수명은 60세였다고 한다. 생물학자 다이아몬드(Jared Diamond)는 『제 3의 침팬지』에서 긴 수명이 왜 인간의 삶에서 중요한지를 다음과 같이 역설하고 있다.

　내가 뉴기니에 있을 때 젊은 사람에게 진귀한 새나 과일에 관해 질문하면, 그들은 마을에서 가장 나이 많은 사람한테 데리고 갔다. 또한 1976년에 솔로몬 군도의 렌넬 섬을 방문했을 때 식용 야생 과일이 어떠한 것인지 가르쳐준 사람들은 많았지만, 비상

노인들의 지혜로 우리 선조는 네안데르탈인을 극복했다.
문자는 노인들의 가치를 약화시키지만 무효로 만들지는 못한다.

시에 굶어 죽지 않으려면 무엇을 먹어야 하는지를 가르쳐준 것은 단 한 사람의 노인뿐
이었다. … 그러므로 문자 이전의 사회에는 경험을 지닌 사람에 의해 사회 전체의 생
존이 결정되는 것이다.

　문자가 이용되면 이러한 노인의 중요성은 감소하고 심지어는 없어진다고 생각한
다. 하지만 인간의 지식 중에는 문자로 환원되지 않는 몸의 지식도 있기 때문에 노인
의 중요성이 생각하는 것처럼 무효화되지는 않는다. 예를 들어 문자가 있다고 해서
도자기공의 기술이 모두 문자화되는 것은 아니다. 책이 모든 지식을 대체할 수는 없
다. 또 대부분의 사회의 지도층도 결국 노인이다. 정치적 삶의 지혜 또한 완전히 문
자화되지 않는다.

　노인이 되면 인간으로서의 모든 기능, 특히 건망증에서 보듯이
뇌기능이 떨어지는 것으로 생각하기 쉽지만, 반드시 그러한 것은
아니다. 기억력은 분명히 떨어지는 것으로 보인다. 그러나 종합적
인 판단력 즉 직관력은 통계적으로 보아도 거의 떨어지지 않는다.
"우리의 눈의 예리함이 줄어들기 시작할 때에 비로소 우리의 지

소크라테스

성의 눈이 날카로워진다"는 소크라테스의 말에는 이러한 통찰이 들어 있다. 그렇지만
둘 다 같이 어두워지는 사람들도 얼마든지 있다. 또 긴 성년기의 다른 한 의미는 문화
의 창조와 관련된 것이다. 인간은 문화를 익힘으로써 부족한 본능을 보충하지만, 그
렇다고 역사 속에 동일한 문화가 반복되지는 않는다. 문화는 익혀지면서 끊임없는 개
인적, 세대적 변용을 겪게 된다. 각각의 세대나 개인은 자신의 삶과 문화를 역사 속에
서 구별되는 삶과 문화로 확립시킨다. 이러한 창조성 역시 긴 성년기를 통하여 이루
어진다. 하지만 오늘날 인간은 의학의 도움으로 너무 오래 살고 있는 것은 아닐까?

언제까지 살아야 할까? 살 수 있을 때까지

연륜은 외재적 기억을 약화시킬 뿐 내재적 기억을 풍성하게 한다.
의학은 우리에게 새로운 삶의 패턴을 요구한다.

마디 46.   인간이라는 종족의 특기는?

고대신화를 보면 고대인들도 자신들이 아무런 재주 없이 이 세상에 태어났다는 것을 알았으며, 그것을 불과 지혜로 보충하고 있다는 것도 알았다. 프로메테우스가 불과 지혜를 훔쳐 인간에게 주었다는 이야기는 바로 이를 말하여 주고 있다.

그도 그럴 것이 우리 주변의 동물들은 자신들이 살아가는 데에 꼭 필요한 재주들을 갖추고 있다. 이러한 동물의 전문화는 유신론적인 입장에서 보면 창조주의 세밀한 섭리를(할렐루야!), 무신론적 입장에서 보면 자연선택의 정교한 메커니즘을(헉!) 십분 보여주고 있다.

독수리

개의 후각은 인간의 천 배 정도의 민감성을 가지고 있다. 이렇게 개가 날카로운 후각을 가지고 있는 것은 인간 코의 점막이 3㎠인 데 반해 개는 130㎠이고, 점막의 세포수는 인간이 5백만 개인 데 반해 개는 2억 2천만 개이기 때문이다.

독수리의 시각은 인간과 비교할 때 다섯 배 이상의 민

동물은 자신의 삶의 전문가들이지만,

인간은 그들처럼 전문화되어 있지 못한 결여존재이다.

감성을 가지고 있다. 그러나 독수리의 눈은 민감성에 그치지 않는다. 독수리의 눈은 멀리서는 망원렌즈로 작동하고 가까이서는 광각렌즈로 작동함으로써 사냥을 쉽게 만든다. 시각을 담당하는 원추세포만 비교해 봐도 인간은 ㎟당 40만 개를 갖지만 독수리는 200만 개를 가지고 있다.

인간은 후각과 시각에서만 다른 동물들에 뒤지는 것이 아니다. 속도에서도 그러한데, 치타가 시속 129km로, 치타에 쫓기는 가젤은 시속 100km로, 그레이하운드라는 개는 70km로 달리는 데 반해, 인간은 100m 달리기 선수가 시속 36km로 달릴 뿐이다.

이처럼 인간은 장기라곤 변변히 내세울 것이 없는데, 이것은 인간의 조산에 따르는 본능의 미성숙과 관련이 있다. 이러한 비전문화는 삶을 존속시키는 데에 불리한 것처럼 보인다. 하지만 역설적으로 비전문화는 비할 수 없는 장점을 가지고 있다.

동물은 전문화된 기관과 본능으로 말미암아 아주 고정된 생활조건에 의존하며, 그 생활조건 내에서만 자기를 유지할 수 있다. 적도나 극지방의 동물이 서식지를 서로 바꾼다면 결코 살아남을 수 없다.

이글루

하지만 인간은 전문화되어 있지 않은 존재로서 변화가능성이 풍부하고 그래서 파국에 대항하는 힘이 세다. 인간은 특정 상황에 전문화되어 있지 않기 때문에 모든 상황에 전문화될 가능성을 가지고 있다. 한 마디로 올라운드 플레이어(all-round player)다.

양성생식이 유전적 특징을 다양화하여 유전자 적합성을 높이듯이, 인간은 어떤 상황에도 적응할 수 있는 무정형화를 통하여 유전자 적합성을 높인다. 인간은 아무것도 아니다. 그래서 아무것이나 될 수 있다.

인간이라는 종족의 특기는? 특기 없음이 특기

인간은 특화되어 있지 않다.
그래서 모든 상황에 적응할 수 있다.

마디 47. 빨간 카포테는 누구를 위한 것인가?

카포테

　　스페인의 투우사들은 빨간색 천 즉 카포테 (capote)를 흔들며 소를 흥분시킨다. 흥분한 소는 투우사를 향하여 돌진하지만 투우사는 재빠른 몸놀림으로 소를 피해버린다. 관중들은 이러한 투우사와 소의 다툼을 보면서 열광한다. 그러나 과연 투우사의 빨간 카포테는 누구를 위한 것인가? 사실은 소가 아니라 관중이다. 왜냐하면 소는 색맹이기 때문에 빨간색이든 녹색이든 관계가 없기 때문이다.

　　우리는 동물들의 감각인식이 우리와 같을 것이라고 짐작한다. 이는 우리가 다른 동물이 되어 볼 수 없기 때문에 어쩔 수 없는 결과이다. 하지만 동물은 전문화되어 있기 때문에 감각기관도 전문화되어 있다.

　　예를 들어 진드기는 단 세 개의 감각 즉 빛, 냄새, 온도 감각만을 가질 뿐이다. 여기에 포착되지 않는 세계의 특성들은 진드기에게는 존재하지 않는다.

■ 전문화되어 있는 동물은 감각도 전문화되어 있다.
■ 진드기는 오직 빛, 냄새, 온도만 감각한다.

도마뱀은 가랑잎 밟는 소리에는 잽싸게 반응하지만 바로 곁에서 발사한 권총 소리에는 반응하지 않는다. 왜냐하면 그러한 큰 소리와 관련된 위험요소는 도마뱀의 환경에는 존재하지 않기 때문이다. 방범용 음향탐지기조차도 작은 소리에는 반응하지만 큰 소리에는 반응하지 않을 때가 많다. 그래서 전문털이는 이를 이용한다. 쉿!

그런데 인간의 세계는 이렇게 한정되어 있지 않다. 물론 인간도 자신의 감각기관에 포착되는 것만을 받아들인다. 그러나 인간의 감각기관은 종의 특수한 삶의 방식으로 전문화되어 있지 않다. 인간의 본능은 미숙하여 인간에게는 그런 특수한 삶의 방식이 없기 때문이다.

동물은 처음부터 삶에 유용한 정보만을 취득하지만, 인간은 처음에는 아무것이나 중립적으로 모두 감각하고, 나중에 자신의 삶에 유용한 정보를 선택적으로 골라낸다. 그래서 인간은 한 사물을 여러 방식으로 사용할 수 있다. 때에 따라 기준이 달라지기 때문이다. 분필은 때로 칠판을 떠나 조는 학생을 깨우는 미사일도 된다.

분필 폭격

하지만 유전자에서 단지 1.6%밖에 차이가 없는 침팬지조차도 인간의 이러한 특성을 가지고 있지 못하다. 고전적인 실험에 따르면 높이 매달아 놓은 과일바구니를 막대기로 쳐 과일을 떨어뜨려 먹던 침팬지는 막대기를 치우면 이불로 치는 임기응변을 발휘하지 못한다. 왜냐하면 이불은 어떤 고정된 다른 목적 즉 '잠자는 데 필요한 것'으로 사용되기 때문에 무엇을 '아래로 끌어내리는 것'으로 사용하지 못하는 것으로 침팬지는 알고 있기 때문이다. 이것을 할 수 있는 것이 인간이다. 왜냐하면 인간은 일단 파악하고 '어디에 쓰는 물건인고?'는 나중에 생각하기 때문이다.

빨간 카포테는 누구를 위한 것인가? 관중

인간은 우선 중립적으로 나중에 선택적으로 인식한다.
그래서 하나의 사물을 다양하게 사용할 수 있다.

〈쾰러의 침팬지 실험〉

제1차 세계대전이 발발하였을 때 아프리카 서북해안 카나리아 제도의 프러시아 과학원 영장류 연구시설에서 쾰러(Wolfgang Köhler)는 침팬지의 문제해결능력에 대한 실험을 계속하였다.

쾰러는 침팬지의 손이 다다를 수 없는 곳에 먹이를 두고서 침팬지들이 이 문제를 어떻게 해결하는지를 관찰하였다. 쾰러는 이 실험들을 촬영해 두기도 했다.

손이 닿지 않는 곳에 있는 바나나를 따먹기 위하여 침팬지들은 막대기를 사용하거나 상자를 쌓아서 그 위에 올라가 따먹기도 하였다.

이 중에서도 가장 유명한 해결책은 '아하 체험'이라는 이름의 해결책인데, 막대기도 닿지 않고 상자로도 해결할 수 없는 아주 높은 곳에 매달아 놓은 바나나를 한 원숭이는 두 개의 막대를 연결시켜서 따먹었다.

이렇게 문제를 해결하던 원숭이들도 벽에 부딪힌 때가 있었는데, 박스도 막대기도 다 치워버린 후에 바나나를 매달았을 때는 속수무책이었다. 인간 같으면 담요를 말아서 막대기로 사용할 수 있는 상황이었는데도 불구하고, 침팬지는 결코 이 문제를 해결하지 못했다.

쾰러의 실험은
침팬지가 문제해결적인 지성이 있다는 것을 보여준다.

장대 위의 침팬지

상자 위의 침팬지

4층 상자 쌓기

상자 위의 무등

장대를 끼우는 침팬지

아하 체험은
침팬지가 경험해본 적이 없는 해결책을 창조한다는 것을 보여준다.

마디 48.   왜 인간만이 자살할까?

이 세상에 자살하는 동물은 인간밖에 없는 것으로 알려져 있다. 레밍이 자살한다고 알려져 있지만, 본능에 이끌려 죽게 되는 것이지 스스로 죽는 것은 아니다. 왜 인간만이 스스로를 죽일 수 있을까? 여기에 대한 답은 이미 앞 마디에서 주어졌다.

인간은 세상뿐만 아니라 자신까지도 중립적으로 받아들인다. 인간이 아닌 동물들은 자신을 중립적으로 받아들이지 못한다. 오직 긍정적으로만 받아들일 뿐이다. 생명을 유지하기 위하여 피할 것과 취할 것을 알고 피하거나 취할 뿐이다. 하지만 인간은 피할 것과 취할 것을 먼저 구분하지는 않기 때문에 나중에 자기 마음대로 선택할 수 있다. 그러므로 피할 것을 스스로 취할 수 있다. 그래서 자살이 가능하다. 그렇다고 자신이 인간임을 확인하기 위해 자살할 필요는 없다. 아서라 말어라.

결혼 서약

인간만이 약속할 수 있는 이유도 바로 이것이다. 약속이란 과거의 내 생각이 지금의 내 생각과 다르지

자신을 중립적으로 파악할 수 있기에
인간은 약속할 수도 자살할 수도 있다.

만, 과거의 내 생각을 마치 지금의 내 생각인 양 따르는 것이다. 왜 과거의 생각과 지금의 내 생각이 다르냐 하면 기준이 달라졌기 때문이다. 화장실에 들어갈 때와 나올 때 나의 기준이 같을 수 없지 않은가?

간단히 말하면 약속이란 지금 내가 원하지 않는 것을 하는 것이다. 이는 동물들은 하고 싶어도 할 수 없는 일이다. 왜냐하면 동물들은 본능과 순간에 충실하여 배반이 없기 때문이다. 생명유지라는 최고의 본능도 거부할 수 있기 때문에 인간은 현재 자기 선택의 부정인 약속도 지킬 수 있다.

하지만 어린 아이들은 자살하지도 않고 약속도 지키지 않는다. 이로 보면 자살이나 약속의 능력도 직립보행이나 언어처럼 가능성은 타고나지만 실현되기 위해서는 훈련이 필요한 것임을 또한 알 수 있다. 아마라와 카마라는 분명히 약속도 자살도 할 수 없었을 것이다. 하지만 줄리엣과 백수광부의 처는 자살하였다. 공무도하, 공경도하, 타하이사, 당내공하!

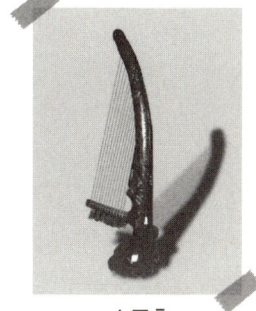

소공후

인간의 과학과 철학도 인간의 이러한 중립적인 파악이 있기에 가능한 것이다. 과학과 철학은 바로 이제까지 알지 못했던 것을 알고자 하는 작업이다. 동물처럼 자신에게 유의미한 것을 이미 다 알고 있다면 그 이상의 탐구는 필요하지 않을 것이다.

하지만 인간에게는 확정된 것이 없다. 그의 실천적 삶도, 그러한 실천적 삶에 필요한 지식도 확정되지 않았다. 그래서 인간은 있을 수 있는 모든 가능성을 검토하고 필요에 따라 그때그때 최선의 것을 찾으려 한다. 그러므로 인간에게는 절대적으로 무의미한 지식도 없고 절대적으로 유의미한 지식도 없다.

왜 인간만이 자살할까? 자신을 중립적으로 파악할 수 있기에

동물에게는 새로운 지식이 특별히 필요 없지만,
인간은 지식을 무한히 필요로 한다.

마디 49.   문명은 어떻게 탄생하였을까?

　　세계를 중립적으로 파악할 수 있기 때문에 인간은 또한 문화의 창조자가 된다. 인간이 이 세상에 태어나면 일단은 자신이 속한 민족의 문화에 의해서 만들어진다. 즉 문화의 피조자가 된다. 이러한 기존의 문화는 그 민족이 처한 자연환경과 기술적 능력 그리고 그러한 자연환경과 기술적 능력 속에서 삶을 개척해온 조상들의 관습이 반영되어 있다. 우리는 관습 속에서만 오직 인간이다.

　　하지만 자연환경이 변화한다든지 기술적 변화가 있게 될 때 아니면 환경과 기술이 같다고 하더라도 대응하고 활용하는 인간의 생각이 바뀌게 될 때 문화는 새로운 모습을 띠게 된다. 역사학자 토인비(Arnold Toynbee)의 이집트 문명의 시작에 대한 이야기는 사뭇 흥미롭다.

피라미드

　　옛날에 녹지대였던 사하라 지방이 건조해버리자, 거기 살았던 주민들의 일부가 남쪽으로 이주해서, 거기서 다시 비슷한 외적 환경을 발견하고 예전과 비슷하게 살아갈

세계를 중립적으로 파악할 수 있기에
인간은 새로운 문명을 창조하였다.

수 있었다. 그러나 다른 일부의 주민들은 그 장소에 그대로 남아서 그들의 생활방식을 바꾸어 가지고 변해버린 사막의 조건에서도 계속 살아갈 수 있었다. 이로써 그들은 이주해 간 사람들보다 더욱 창조적인 인간이 되었다. 그러나 그들도 적응한 것에 불과하다. 이와 다르게 제 3의 그룹은 토지를 비옥하게 하기 위해서 나일 강의 펄과 물을 이용할 것을 생각해내었다. 이들이 바로 오늘날 이집트인들의 선조들이다.

동물들은 전문화되어 있기 때문에 전문화되어 있던 환경에 근본적인 변화가 있게 되면 죽거나 환경이 비슷한 곳으로 이주하거나 둘 중의 하나밖에 할 수 있는 것이 없다. 위의 예에서 보면 남쪽으로 이주한 사람들은 바로 그러한 방식을 택했다.

인간이 동물보다 적응력이 높다는 것은 고정된 본능이 없다는 것에 기인한다. 인간은 고정된 본능이나 고정된 문화를 갖는 것이 아니기 때문에 사막화라는 외적 환경의 변화에 대응하여 새로운 문화를 창조할 수 있다. 이주를 거부하고 사막에 남아 새로운 삶의 방식을 개척한 사람들은 이러한 인간적 특징을 제대로 구현하였다.

그러나 셋째 그룹의 사람들은 이러한 인간적 특징을 단순한 적응으로 끝내지 않았다. 외적 환경이 자신에게 가한 삶의 제약을 순응함으로써 극복한 둘째 그룹의 사람들과 달리, 이들은 삶의 제약을 초월하기로 결심했다. 그래서 그들은 관개라는 새로운 기술을 개발함으로써 인공의 환경을 생산해내었다. 이들이야말로 세계를 중립적으로 파악하고 자신의 필요에 따라 세계를 새롭게 구성해낸 창조적 인간들이었다.

하지만 문명의 기원이 있었던 곳에는 대개 문명의 몰락도 있었다. 이스터 섬에서 볼 수 있는 것처럼 그들은 그들의 문명에 도취되어 지속가능성 여부를 충분히 고려하지 못했다. 오늘 우리라고 예외일 것인가?

문명은 어떻게 탄생했을까? 세계를 중립적으로 파악했기에

문명을 창조하기까지 한 사람들도
문명이 지속되도록 하는 데에는 성공하지 못했다.

마디 40. 인간은 너무 일찍 나온다

인간학(anthropology)의 어원은 그리스어 인간(anthropos)이다.

사람(human)의 어원은 라틴어 지구(humus)이다.

MEMO

인간은 말을 배움으로써 사람들 사이로 들어온다.
다른 사람과 말을 나눔으로써 생각이 생기고 자아도 생긴다.

 마디 50. 말 없이는 생각도 나도 없다

인간이 너무 일찍 세상에 태어나 부족한 본능을 문화로 보충하는 일은 언어를 통하여 이루어진다. 언어를 통하여 인간은 사실 동물의 세계에서 벗어나 인간의 세계, 특히 그 언어를 사용하는 사람들의 세계로 들어온다. 이러한 언어가 곧 생각이고 또한 나이기도 하다. 언어와 관련된 이러한 인간의 모습을 50번으로 시작하는 마디들에서 알아보자.

우리는 말을 배우지만 말을 만들기도 한다.
말을 배움으로써 전통을 잇고 말을 만듦으로써 새 전통을 창조한다.

마디 51.   로빈슨 크루소는 혼자 무인도에 갔는가?

『로빈슨 크루소』 초판본

『로빈슨 크루소』는 영국의 작가 다니엘 디포가 1719년에 발표한 소설이다. 이 소설은 모험소설의 외양을 가지고 있지만, 비평가들은 작가 디포의 의도가 담긴 우화소설이라고 생각하며, 이 소설에 반영된 영국의 제국주의적 사유방식을 비판하고 있기도 하다.

여하튼 이 소설을 읽은 사람이라면 누구나 아는 일이지만, 로빈슨 크루소는 혼자 무인도에 도착했다가 나중에 프라이데이라는 토인을 구출하여 그와 함께 무인도에서 살았다. 그러므로 크루소는 혼자 무인도에 갔다. 그러나 과연 로빈슨 크루소는 혼자 무인도에 갔던가?

크루소는 늑대굴에서 발견된 아마라와 카마라처럼 인간들과 함께 살아본 경험이 없는 사람이 아니었다. 그는 영국의 중산층 가정에서 태어나 성장하여 모험 항해에 나섰던 사람이었다. 그러므로 그는 이미 당시 영국인으로서의 삶을 충분히 학습한 사

무인도에 표류한 크루소는
혼자 그 섬에 도착할 수 없다. 그는 이미 많은 사람과 함께 있다.

람으로서 그의 머릿속에는 영국의 전통적인 삶의 지식이 담긴 영국어가 들어 있었다.

이러한 점은 프라이데이와 크루소를 비교해보면 더욱 확연히 알 수 있다. 크루소는 영국어는 물론이고 난파선에서 생활에 필요한 여러 가지 문명의 이기들을 가지고 가서 무인도에서 생활하였다. 설혹 프라이데이가 난파선에서 그런 것들을 보았다고 하더라도 그는 그것들이 어떤 것들인지 이해할 수 없었을 것이다.

총을 예로서 생각해보자. 우리가 총에 대하여 배울 때 우리는 이미 총이 다른 여러 기술체계 내에서 가지는 위치를 알고 있고 또 총에 관계된 여러 가지 전문지식들을 배운다.

이러한 배경지식과 전문지식을 가지지 못한 프라이데이로서는 총이 무엇인지 처음에는 결코 이해하지 못하였을 것이고 크루소가 총을 사용하는 것을 보고 난 다음에도 그것을 제우스의 번개와 같은 것으로 이해할 수밖에 없었을 것이다. 임진왜란 때 처음으로 조총을 본 사람도 이와 같지 않았겠는가?

총 든 크루소

하지만 크루소는 이것이 자신을 보호해줄 것이라는 것을 알고 난파선에서 이것을 가져왔고 또 이것을 성공적으로 사용하여 원주민들을 제압하였다. 그는 총알이나 화약이나 조준이나 점화와 같은 단어들을 이해하였기 때문에 총을 또한 이해하였다. 프라이데이는 이것들을 이해하지 못하였기 때문에 결코 총을 충분히 이해하지 못했다.

이렇게 따지고 보면 로빈슨 크루소는 결코 그 섬에 혼자 가지 않았다. 수많은 세대의 경험이 축적된 영국어라는 언어를 가지고서 그 섬에 갔으며, 그런 의미에서 그는 그 언어를 사용하며 발달시켜 온 수백 수천 세대의 사람들과 함께 그 섬에 갔던 셈이다.

로빈슨 크루소는 혼자 무인도에 갔는가? 아니, 영어와 함께

우리가 가지고 있는 언어체계는 수많은 세대의 경험이 담겨 있다.
우리는 한 단어를 배우지만 그 단어는 다른 단어들과 연결되어 있다.

〈로빈슨 크루소〉

『로빈슨 크루소』는 영국의 작가 다니엘 디포가 1719년에 발표한 소설이다. 이 책의 원래 제목은 『요크 선원 로빈슨 크루소의 삶과 신기하고 놀라운 모험』이다. 하지만 여기에 또 긴 부제목이 달려 있기도 하다.

발표하자마자 그 해에 4판을 인쇄할 정도로 선풍적인 인기를 끌었는데, 수십 년 내에 성서를 제외하고 영어로 적힌 책들 중에서 가장 많은 독자를 가진 책이 되었다. 기네스북에는 성서와 같은 순위로 랭크되어 있다.

이 책은 실화를 바탕으로 하고 있는데, 1704년에 선장과의 불화로 칠레령 후안 페르난데즈 제도에 남아 5년 동안 무인도 생활을 했던 스코틀랜드 선원 셀커크(Alexander Selkirk)의 이야기에 기초를 두고 있다. 오늘날 이 제도의 섬들은 로빈슨 크루소 섬과 알렉산드로 셀커크 섬이라고 불리고 있다.

소설가 제임스 조이스는 이 책 『로빈슨 크루소』가 영국의 식민주의를 반영하고 있다고 분석하였는데, 크루소가 무인도를 개척하고 원주민을 정복하였다는 줄거리에서 그러한 해석가능성을 찾아볼 수 있다. 평론가 헌터는 이 책이 크루소가 목적지를 모르고 방황하다 무인도에서 성서를 읽으며 하느님을 만나고 마침내 약속의 땅에 이르는 모습을 그렸다고 해석하는데, 이는 디포가 청교도로서 종교적 생활지침서 제작을 주로 했음을 고려한 해석이다.

『로빈슨 크루소』는
성서 다음으로 또는 같이 많이 읽힌 책이다.

이 그림들은 인터넷 http://wyeth.artpassions.net/에 게시된 『로빈슨 크루소』 영문판에 삽입된 그림들이다. 이는 N. C. Wyeth에 의해 그려졌다

『로빈슨 크루소』에는 당시 영국의 식민주의 사상이 또 청교도 교육가였던 디포의 기독교 사상이 배어 있다.

마디 52.　말은 곧 지혜인가?

　아마라와 카마라에서 볼 수 있는 것처럼, 인간은 만물의 영장이 될 가능성을 가지고 태어날 뿐이다. 실제로 그렇게 되기 위해서는 사람들 속에 살면서 수많은 세대의 기억들을 이어받아 자신 속에 간직해야 한다. 그래서 교육이 필요하고 학습이 필요하다. 그런데 신피질의 기억은 자동적으로 옮겨지지 않기 때문에 언어라는 매체를 통해서만 이어질 수 있다.

알타미라 동굴벽화

　인간의 언어는 인간의 기억이 개체와 세대를 넘어설 수 있게 하는 매체이다. 알타미라 동굴에 들소를 그려 넣은 사람들은 들소사냥의 기술도 가지고 있었음에 틀림없다. 그들도 아메리카의 인디언들처럼 들소의 가죽을 덮어쓰고 자신의 냄새를 숨기며 들소를 공격할 수 있는 지점까지 접근했을 것이다. 그리고 이러한 사냥술을 말과 시범으로 동료들과 후손들에게 가르쳤을 것이고, 그리하여 그 비법은 한 세대 내에서

말은 개체와 세대를 넘어설 수 있게 하는 매체이다.

이런 말을 통하여 인간은 지혜를 배운다.

그리고 세대를 넘어서 계속 이어졌을 것이다.

이러한 수십 수백 세대의 축적된 경험을 우리는 한 사회 속에서 태어나 성장하면서 획득하게 된다. 우리가 태어나는 사회에 따라서 우리가 획득하는 경험 또한 그 내용이 상당히 다를 수밖에 없다. 당신이 한국인이 아니고 아마존 오지의 한 종족으로 태어났

비양도

다면 당신의 세계는 지금과 전혀 다른 딴판의 것일 게다. 한국만 해도 천만 이상이 북적대는 서울에 태어나는 것과 인구가 100명에 불과한 제주도 외딴 섬 비양도에서 태어나는 것도 그 경험이 또한 상당히 다를 수밖에 없다.

어떤 경험이 되었든 간에 이러한 경험이 인간과 환경 간의 도구적인 차원만을 갖는 것은 아니다. 이러한 경험 속에는 인간과 인간 간의 윤리적 차원 또한 담겨 있다. 존댓말이 있는 한국어와 그것이 없는 영어를 사용하는 사람은 윤리적 기초가 다르다. 이처럼 우리가 언어를 배울 때 우리는 이미 사회적 삶의 방식 또한 획득한다.

200년 전의 우리 조상들은 태어나면서 '주인'이니 '머슴'이니 하는 말을 배웠을 것이다. 오늘날 우리는 그러한 말을 알고는 있지만 먼 옛날의 일들로 여긴다. '개인'이니 '자유'니 하는 말을 배우기 때문이다. 하지만 군에 간 남자들은 갑자기 '상명하복'이니 '충성'이라는 말을 배운다. 그 사회에서는 그런 말들이 필요하기 때문이다.

우리는 말들을 배운다. 말 속에 환경을 다루는 도구적 지혜가 들어 있고 사람들과 상호작용하는 윤리적 지혜가 들어 있다. 말을 배움으로써 그러한 지혜들을 획득하고 비로소 어떤 특정한 사회의 구성원이 된다.

말은 곧 지혜인가?
그렇다. 도구적 지혜이고 윤리적 지혜이다.

우리가 배우는 말에 따라 우리의 삶이 결정된다.
말은 도구이기에 앞서 삶의 터를 먼저 정해버리는 운명이다.

마디 53. 동물의 몸짓과 인간의 말의 차이는?

말은 곧 지혜였다. "태초에 말씀이 있었다"라는 성서의 표현은 말이 곧 인간의 인간다운 삶의 근본이라는 생각의 반영이다. 그런데 이런 인간의 말은 동물의 몸짓과 어떻게 다르기에 동물과 인간의 차이를 이렇게 벌려 놓았을까?

미소 짓는 아이

몸짓과 말에는 여러 가지 차이가 있다. 우선 몸짓은 아주 적은 상징들만을 사용하지만 언어는 아주 많은 상징들을 사용한다. 또 몸짓은 대개 민족을 초월하지만 언어는 아주 민족적인 매개이다. 예컨대 몸짓 언어의 일종인 표정은 모든 사람들에게 공통되며, 심지어 선천적인 시각장애 아기도 어머니와 즐겁게 교류하는 동안에는 미소를 짓는다.

하지만 몸짓과 말의 가장 큰 차이는, 몸짓은 몸짓을 하는 사람은 그 몸짓을 볼 수 없지만, 말은 말을 하는 사람이 그 말을 들을 수 있다는 점에 있다.

예를 들어 개싸움을 보자. 험상궂은 표정으로 으르렁대는 개는 자신의 으르렁거림

몸짓은 오직 상대방을 위한 것이지만,
말은 상대방은 물론 자신을 위한 것이기도 하다.

에는 결코 반응하지 않는다. 오직 상대방의 으르렁거림에만 반응할 뿐이다. 그러므로 거울을 앞에다 가져다 놓아야 비로소 자신의 으르렁거림에 반응한다. 거울을 처음 본 침팬지도 마찬가지로 반응한다. 하지만 우리도 때로 거울이 필요하다.

　하지만 말을 하는 것은 이것과는 완전히 다르다. 몸짓을 할 때 우리는 자신의 몸짓을 보지 못하고 상대방이 나의 몸짓에 어떻게 반응할 것인지를 알지 못한다. 하지만 말을 할 때는 자신의 말을 상대방과 함께 들을 수 있고 또 상대방이 어떻게 반응할 것인지도 대강 짐작할 수 있다. 이것이 몸짓과 말의 근본적인 차이이다.

싸우는 개

　이렇게 자신의 말에 대한 상대방의 반응을 짐작할 수 있는 까닭은, 감각적으로 보면 자신의 표정을 볼 수 없는 것과 달리 자신의 말은 들을 수 있기 때문이기도 하지만, 자신이 사용하는 말을 자신이 만든 것이 아니라 다른 사람에게 배웠기 때문이다. 우리는 표정을 배우지는 않지만 말은 배운다.

　모국어를 말할 때에는 사실 우리는 이러한 점을 충분히 파악하지 못한다. 왜냐하면 모국어는 마치 타고난 것처럼 생각하기 때문이다. 하지만 외국어를 말할 때에 우리는 이러한 점을 충분히 의식할 수 있다. "Where can I wash my hands?"라고 말할 때 이 말이 의미하는 것이 무엇인지를 알고 상대방이 어떤 대답을 할 것이라고 기대한다. 그 답이 "Yellow"이거나 "Hot"일 것이라고 결코 생각하지 않는다. 왜냐하면 영어에서는 그런 답이 불가능하기 때문이다. 미국의 사회심리철학자 미드는 말을 이러한 의미로 말하는 사람에게도 유의미한 몸짓(significant gesture)이라고 말한다.

동물의 몸짓과 인간의 말의 차이는?
말은 말하는 사람에게도 말 듣는 사람과 같은 반응을 일으킨다.

말은 말하는 사람에게도 이해된다.
이것이 사람에게 생각을 가능하게 하고 자아를 갖게 만든다.

〈조지 허버트 미드〉

50으로 시작하는 마디들에 소개된 생각들은 주로 미드(George Herbert Mead)에게서 왔다. 미드는 1863년 미국의 매사추세츠에서 출생하여 1931년 시카고에서 죽었다. 목사의 아들로 태어난 그는 미국에서 대학을 졸업하고 독일에서 유학을 하였으며 미국의 실용주의 대표자 듀이(John Dewey)와 함께 시카고대학에서 근무하였다.

그의 철학은 상징매개적 상호작용론이라고 불리는데, 이는 간단히 말하면 인간이 말로써 상호작용을 하는 것이 인간에게 가장 중요한 일이라는 입장이다. 이러한 입장은 인간의 말을 소홀히 하고 인간의 행동만을 중요시한 왓슨(John Broadus Watson)의 행동주의 심리학을 거부하는 것인데, 그래서 미드의 심리학은 사회적 행동주의라 불린다.

미드는 유럽의 철학들도 공부하였지만, 데카르트식으로 육체와 구분되는 정신이라는 개념도 거부하였다. 그는 인간의 정신이 신체적 활동과 더불어 생겨난다고 생각했기 때문에, 그 당시 유행했던 헤겔의 관념론이나 흄의 경험론도 추상적이라고 배격하였다.

그의 철학은 현대 사회철학자 하버마스(Jürgen Habermas)에 의해 현대적인 관심을 새로이 받게 되었다. 미드라는 이름으로 유명한 다른 사람으로는 미국의 여성 인류학자인 마가렛 미드(Margaret Mead, 1901-1978)가 있다.

미드는 말로 하는 상호작용을 인간의 본질로 보았다.
그래서 행동주의를 비판하고 사회적 행동주의를 주장하였다.

조지 허버트 미드

젊은 시절의 미드와 듀이

미드의 자필

왓슨

하버마스

마가렛 미드

미드는 인간의 언어적 사회생활에 대해 깊이 통찰했는데,
이는 현대 사회철학자 하버마스의 철학에 큰 영향을 주었다.

마디 54.   생각이란 무엇인가?

프랑스 철학자 파스칼은 "인간은 생각하는 갈대다"라고 하는 유명한 말을 남겼다. 프랑스의 조각가 로댕은 「생각하는 사람」이라는 유명한 조각을 남겼다. 인간을 인간이게 하는 생각이라는 것이 도대체 무엇일까? 생각이 무엇인지 생각해보자!

「생각하는 사람」

하지만 생각이 무엇인지 생각한다? 이것은 너무 어려운 과제인 것 같으니까, 좀 쉬운 것으로 생각해보자. 마디 51에서 이야기했던 대로 프라이데이가 총에 대하여 생각한다고 가정해보자. 프라이데이는 총을 원리적으로 이해할 그런 배경지식을 가지고 있지 않다. 그러므로 그는 총을 자신이 경험하는 대로 생각하지 않을 수 없다.

총이라는 것은 활과 같이 겨누는 것이구나. 화살 대신 총알과 화약과 불을 사용하는데, 천둥 같은 소리가 나고 연기가 나기는 하지만 화살처럼 총알이 날아가는 것은 보이지 않는구나. 하지만 크루소 주인님의 이야기에 따르면 아주 작은 총알이 보이지

생각은 대화를 내면화한 것이다.
남이 나에게 할 말을 내가 나에게 하는 것, 그것이 생각이다.

않을 정도로 빠르게 날아간다고 하는군. 그래서 총알을 맞은 사람은 화살을 맞은 사람처럼 쓰러져서 죽는군. 그래 이것이 총이라는 것이구만.

　이것이 프라이데이가 하는 생각이다. 하지만 이것은 또한 동시에 프라이데이가 다른 토인에게 총에 대해 설명하려 할 때 들려주는 이야기이기도 하다. 생각과 이야기의 차이는 이야기를 들려주는 대상이 자신이냐 다른 사람이냐의 차이일 뿐이다. 이렇게 보면 총에 대해 생각한다는 것은 총에 대해 자신과 이야기하는 것이다.

　로댕의 「생각하는 사람」은 무엇을 생각하고 있을까? 로댕이 원래 그리고자 했던 것은 지옥의 인간군상을 바라보는 시인의 고뇌였다. 하지만 동방예의지국에 태어난 우리나라 사람들과 대화를 나누어보면 로댕의 「생각하는 사람」이 ‘내 속옷은 어디에 있을까?’를 생각하고 있다는 결론에 도달한다. 여러분도 생각해보라. 아마 같은 결론에 도달할 것이다.

　생각이란 이처럼 다른 사람과 나눌 대화를 자신과 나누는 것, 미드가 말한 내적인 대화, 바로 그것이다. 물론 이렇게 타인과의 대화를 자신과의 대화로 내면화시킬 수 있는 이유는 앞 마디에서 본 것처럼 우리가 상대방만이 볼 수 있는 몸짓을 사용하지 않고 말을 하는 나도 듣고 알 수 있는 말을 사용하기 때문이다. 다시 말해 우리가 다른 사람과 이야기하면서 또한 다른 사람이 자신에게 할 이야기를 자신에게 할 수 있기 때문이다. 그래서 우리는 생각할 수 있다.

　“내가 여기서 지금 길을 건넌다면 내 친구가 ‘위험해! 그러지 마!’라고 말할 거야. 그러니 나도 나에게 말해야지. ‘위험해! 그러지 마!’ 만약 내가 나에게 이렇게 말하지 못한다면, 나는 생각 없는 사람이 되는 거지. 생각 없는 사람은 죽은 목숨이고…”

신호등

생각은 무엇인가? 대화의 내면화

생각이 즉 내면화된 대화가 가능한 것은,
대화가 몸짓이 아니라 말로 이루어지기 때문이다.

마디 55. 생각은 어디에서부터 시작되는가?

엄마놀이

생각하는 일, 즉 대화를 내면화시키는 일은 어느 순간에 문득 이루어지는 일이 아니고 언어를 배우는 오랜 과정과 함께 서서히 일어난다. 미드는 이러한 과정을 두 단계로 나누어 설명했는데, 그 첫째 단계는 놀이(play)이고, 둘째 단계는 게임(game)이다.

최근의 연구에 따르면 어린이들은 언어 이전에도 생각을 한다고 한다. 하지만 이 생각은 어른인 우리의 생각과 같은 수준의 생각은 아니다. 아주 제한된 의미에서의 생각일 뿐이며, 이러한 생각능력은 언어를 획득하면서 어떤 방향을 향해서 풍부해지고 섬세해진다.

이렇게 어린 아이들이 점차 자라남에 따라 부족하지만 유의미한 몸짓 즉 말을 조작할 수 있는 능력을 배우게 된다. 그들은 자신의 말에 대해 다른 사람들이 특정한 반응을 할 것이라는 것을 알게 된다. 그래서 좀 더 자라게 되면 그들은 이제 이러한 능력을 이용하는 놀이를 하기 시작한다. 어린 아이들은 다양한 무엇이 되어서 논다

어린 아이들이 언어를 배우게 되면,
우선 무엇이 되어서 노는 역할놀이를 즐긴다.

(play at something).

어린 아이들은 엄마가 되어서, 의사가 되어서, 경찰관이 되어서 논다. 어린 동생을 안은 아이는 엄마처럼 어른다. 아무도 없을 때는 혼자서 두 사람 역할을 교대로 하기도 하고 둘이 있을 때는 역할을 나누어 각자의 역할을 수행하기도 한다. 오빠는 여동생을 환자로 설정하고 자신이 병원에서 겪었던 일들을 동생에게 앙갚음한다. "목이 많이 부었구나. 주사 맞자, 하나도 안 아프다." …

이런 식으로 어린 아이는 이 사람이 되었다가 저 사람이 되었다가 하며 소리 있는 대화를 계속한다. 그들은 아직 이런 대화를 오로지 자신의 마음속에서 소리 내지 않고 하는 것을 즐기지 않는다. 비록 혼자 일 때조차도, 그들은 소리 내어 놀기를 좋아한다. 이

의사놀이

러한 놀이를 통하여 그들은 타자의 역할을 자신의 것으로 할 수 있게 된다. 이렇게 하여 대화의 내면화인 사유의 기초적인 행동방식을 익힌다.

하지만, 이러한 놀이에는 매우 제한된 타자역할밖에 등장하지 않는다. 이것이 어린 아이들의 사유의 한계이다. 우선 이러한 놀이에서 어린 아이들은 무엇이나 될 수 있지만, 그렇다고 해서, 동시에 그것들이 되는 것은 아니다. 어린 아이들은 한 번에 하나씩만 된다. 어린 아이들은 이번에는 이것이 되고 다음번에는 저것이 된다.

그리고 어린 아이들이 이렇게 놀 때 그러한 역할들 간에 어떤 논리적인 상호관계가 있는 것도 아니다. 규칙이라고 부를 만한 것이 그곳에는 없다. 자신의 상상의 나래를 쫓아서 움직여 나갈 뿐이다. 그러므로 이번에는 무엇이 되었다는 것이 다음번에 무엇이 된다는 것을 결정하지 않는다. 어린 아이들에게는 생뚱맞은 것이 없다. 어른에게만 생뚱맞은 것이 있다.

생각은 어디에서부터 시작되는가? 놀이에서부터

놀이에 등장하는 타자는 한 순간에 한 사람일 뿐이며
이들 타자 간에는 논리적 연관이 없다.

마디 56. 자아란 무엇인가?

놀이의 이러한 한계점은 게임에 와서야 비로소 극복된다. 어린 아이들이 좀 더 자라서 야구게임을 하게 되면 이러한 놀이의 수준에서 한 단계 나아간다. 그래서 생뚱맞은 행동을 자제하게 된다.

예컨대, 야구시합을 하면서 어떤 수비위치에 있을 때 구르고 있는 공을 내가 잡았다면 이제 그 공을 처리해야 한다. 내가 그 공을 처리하기 위해서 나는 우리 팀의 나 외의 모든 사람이 무엇을 하려 하고 있는지를 알아야 한다. 각각의 사람의 역할과 기대를 전체적으로 이해하고 있어야만 나는 공을 어디로 던질지를 결정할 수 있다.

이러한 예에서 볼 수 있듯이 놀이와 조직화된 게임이라는 상황을 비교해보면, 게임을 하는 어린이가 그 게임에 관계된 그 밖의 모든 사람의 태도를 취할 수 있어야만 한다는 점에서, 또 이러한 다양한 역할들이 서로서로 명백한 관계를 가지고 있어야 한다는 점에서 본질적 차이가 있음을 알 수 있다.

어린이 야구

게임에는, 놀이에는 없는
다수 역할의 논리적 관계 및 동시적 고려가 들어 있다.

　게임과 놀이의 중요한 차이점은 바로 이 두 가지, 즉 그 밖의 모든 사람의 역할을 동시에 취한다는 것과 그러한 역할들이 논리적인 상호관계를 갖도록 조직되어 있다는 것이다.

　이러한 규칙지배적인 상황에서 여러 사람의 연관된 역할을 동시에 고려할 수 있을 때, 바로 이때가 자아가 탄생하는 순간이다. 왜냐하면 "내가 그런 일을 했다니. 나는 그때 내가 아니었어"라는 표현에서 볼 수 있는 것처럼, 자아란 내가 해야 할 일을 나에게 하게 하는 통제자, 바로 그 놈이기 때문이다. 이런 의미의 자아를 우리는 때로 '제 정신'이라고 부른다.

　이런 자아는 애초부터 나에게 있는 것이 아니라 게임과 같은 경험을 통하여 비로소 나에게 출현한다. 게임에서 여러 사람의 연관된 역할을 동시에 고려한다는 것은 다른 사람들의 역할을 일종의 통일체로 조직한다는 것인데, 그렇게 되면 이러한 통일된 조직체가 그 사람의 반응을 조정하게 되며, 이러한 조직체가 그 사람의 역할을 조정한다는 의미에서 그 사람의 통제자인 자아가 된다.

　미드는 이러한 통제적인 자아의 정체가 일반화된 타자(the generalized other)라고 지적하였다. "만약 어떤 사람이 완전한 의미에서의 자아가 되려고 한다면, 그 자신에 대한 다른 사람의 태도들을 자신의 것으로 취하는 것만으로는 충분하지 않다. … 그는 이러한 개인적인 태도들을 하나의 전체로 일반화함으로써 행위해야 한다."

　야구게임의 예로 되돌아 가보면, 어린이는 그 팀의 모든 다른 사람이 되어 보는 경험을 통하여 자신이 무엇을 해야 할지를 알게 된다. 이런 앎 즉 일반화된 타자에 대한 앎을 내면화하는 경우에 나는 그 야구팀의 일원으로서의 나의 자아를 갖게 된다.

자아란 무엇인가?

일반화된 타자

다수 역할의 통일된 조직체가 일반화된 타자이며,
내면화된 일반화된 타자가 곧 자아이다.

마디 57.   자아는 정말 일반화된 타자일까?

이렇게 본다면 우리의 자아란 공장에서 대량생산된 제품처럼 모두 다 똑같아 보인다. 야구팀이 그 팀을 구성하는 사람들의 일반화된 타자이고, 그러한 일반화된 타자가 그 사람들의 자아라면, 야구팀의 구성원은 모두 똑같은 자아를 갖게 될 것이다. 사실 어느 정도는 그렇지만, 그것이 다는 아니다.

지문

우리는 우리의 자아가 둘도 없는 오직 나만의 자아라고 생각한다. 나만의 고유한 성격과 특성과 취미를 가지는 유일무이한 내가 있다고 생각한다. 또 사실도 그렇다. 내 지문은 모든 사람과 다르고 내 체취도 내 유전자만큼이나 나만의 독특성을 갖는다. 사실 어느 정도는 그렇지만, 이것도 다는 아니다.

이렇게 다르기만 하다면 사실 우리는 다른 사람들과 의사소통조차 할 수 없을 것이다. 다른 사람들과 함께 살아가기 위해서는 무엇인가는 다른 사람들과 같아야 한다는 필연적인 요청이 있지만, 모든 사람들이 똑같은 생각을 하고 똑같은 삶을 살지

인간은 다른 인간과
다를 수도 없지만 같은 수도 없는 모순적인 존재이다.

않는다는 현실적인 관찰도 있다.

우리는 얼마만큼이나 다른 사람들과 같으며, 얼마만큼이나 다른 사람들과 다른가? 그리고 어떻게 이렇게 같으면서 다를 수 있는가?

이러한 물음에 답하기 위해서 우리는 잠깐 우리의 언어생활을 살펴볼 필요가 있다. 우리는 한국어라는 공통의 언어를 사용한다. 그래서 우리는 서로 의사소통을 하지만, 그렇다고 해서 한국어를 반드시 똑같은 방식으로만 사용하는 것은 아니다.

"아버지는 말하셨지"라는 표현은 한국어를 하는 사람이면 누구나 이해하는 표현이지만, 그것이 "인생을 즐겨라"라는 표현과 연결되어 사용되는 것은 아주 예외적이다. 우리가 오직 일반화된 타자만을 가지고 있다면 이런 새로운 표현은 결코 나타나지 않았을 것이다.

현대카드 W

그렇다면 일반화된 타자가 아닌 그 무엇이 이런 새로운 표현을 가능하게 하는가? 그것은 타자들의 개인적인 태도들을 하나의 전체 즉 일반화된 타자로 조직하여 그것을 자신의 자아로 받아들이지만, 또 그것에 대하여 독특하고 고유한 방식으로 반응하는 그 어떤 것이다. 이런 어떤 것이 일반화된 타자로서의 자아가 있기 이전에 이미 있어야 한다.

미드는 자아에 수용되는 일반화된 타자를 객관적인 자아 즉 'Me'로, 그리고 이러한 객관적인 자아를 수용하고 반응하는 기능적인 자아를 주관적인 자아 즉 'I'로 이름한다. 'I'는 사람들과의 관계 속에서 'Me'를 만들어내며 또 그러한 'Me'에 반응한다. 우리의 자아란 이 둘이 합쳐진 것이며, 자아의 끊임없는 변동은 이 둘의 충돌에서 빚어지는 변주곡이다.

자아는 정말 일반화된 타자일까? 아니, I와 Me의 결합체

인간은 'Me'로서 같을 가능성을 가지고
'I'로서 다를 가능성을 가진다.

마디 58. 우리는 자신을 알 수 있을까?

자아는 'I'와 'Me'의 결합체이기 때문에 우리 자신을 알기 위해서는 'I'와 'Me'를 모두 알아야 한다. 우선 'Me'는 인습적이고 관습적인 자아이다. 그것은 언제나 저기에 있다. 약간의 편차는 있을 수도 있지만 대개의 경우 대부분의 사람들은 'Me'의 내용이 무엇인지 안다.

하지만 'I'는 그러한 방식으로 결코 알려지지 않는다. 'Me'에 반응하는 'I'는 그것을 붙잡으려고 하는 그 순간에 사라진다. 그리스 신화의 탄타루스가 고개를 숙이거나 들 때마다 물러나는 물이나 음식처럼. 왜냐하면 우리가 붙잡는 'I'는 언제나 과거의 'I'이기 때문이다.

탄타루스

왜 이럴 수밖에 없는 걸까? 우리가 'I'를 파악하려는 의식적 노력 속에서 'I'는 언제나 과거의 'I'로 변한 다음에 새로운 'I'에 의해 파악될 뿐, 파악하는 'I'는 결코 파악될 수 없기 때문이다. 우리가 'I'의 정체를 아는 유일한 방법은 오직 과거의 'I' 즉 이미 현재의 'I'에

'Me'는 파악되지만 'I'는 결코 파악되지 않는다.

'I'를 파악하려고 할 때마다 새로운 'I'가 생겨나기 때문이다.

의해 'Me'로 변하고 만 과거의 'I'를 통해서일 뿐이다.

'I'가 이처럼 결코 경험 내에 직접적으로 주어지지 않기 때문에, 즉 대상화되지 않기 때문에, 'I'가 하는 반응이 어떤 것일지는 어느 누구도 모르며 심지어 자기 자신도 모른다.

그러므로 우리는 이러한 'I' 때문에, 자신이 누구인지 자신이 충분히 안다고 말할 수 없으며, 또 그러기에 예기치 않았던 자기 자신의 행동에 대하여 스스로 놀라기까지 한다. 그래서 세샘 트리오는 "내 마음 나도 몰라"라고 노래하기도 했다.

놀람

우리가 자신의 'I'를 모른다고 할 때 다른 사람의 'I'를 안다고 하는 것은 더욱 불가능한 일이다. 열 길 물 속은 알아도 한 길 사람 속은 모른다고 하지만, 우리는 남의 속만 모르는 것이 아니라 내 속도 사실 잘 모른다.

우리가 '무엇을 하려고 한다'라고 말할 수는 있지만, 이런 경우에도 우리는 무엇인가 애초에 생각한 것과는 다소간 다른 것을 하게 되는 경우가 많다.

글을 쓰거나 말을 하거나 행동을 할 때 우리는 사실 막연한 결론을 가지고 있을 뿐 정확한 결론을 갖고 있는 경우는 그리 많지 않다. 하지만 설혹 정확한 결론을 가지고 있다고 하더라도 진행해 나가다 보면 나중에는 그것으로부터 벗어나기가 더 쉽다. 이 모든 것이 대상화할 수 없고 파악할 수 없는 'I'에서 비롯된다.

우리는 자신을 대략 짐작할 수 있다. 'Me'를 알고 있기 때문이다. 하지만 자신을 정확히 알 수는 없다. 왜냐하면 알 수 있는 'Me'에 알 수 없는 'I'가 반응하기 때문이다.

우리는 자신을 알 수 있을까?
대략, 하지만 충분히는 아니다.

'I'를 파악할 수 없기 때문에
우리는 자신을 결코 완전히 알 수 없다.

마디 59. 'I'와 'Me' 중 누가 우세할까?

　인간의 삶을 다채롭게 만드는 것은 사실 'Me'가 아니라 'I'가 있기 때문이다. 알 수 없는 'I'가 'Me'에 대하여 이제까지와는 사뭇 다른 반응을 보이게 되면 어떤 새로운 것이 발생하게 된다.

　이러한 새로운 것이 새로운 삶, 새로운 문화를 창조하는 계기가 된다. 확정되지 않은 미래, 참신한 역사가 시작되는 곳은 바로 이 알 수 없는 'I'이다.

시인 김춘수

　그러나 이러한 참신성은 반응하는 개인에게 한정되는 것이 아니다. 개인은 사회적 집단에 소속되어 있다. 그러므로 개인의 참신성은 또한 그가 속해 있는 집단의 참신성이 된다. 하나의 언어공동체에서 한 구성원이 한 낱말에 참신한 의미를 부여했다면 그 참신성은 그 구성원의 것에 머무르는 것이 아니라 그 공동체의 것으로 새로운 현실을 창조한다.

　"아버지는 말하셨지 인생을 즐겨라"라는 표현은 삶에 대한 엄숙주의에 반기를 들면서 쾌락주의의 새로운 면모를 열어보였다. 아버지가 권하는 인생의 즐김도 있을

참신성을 부여하는 것은 'I'이지만
'Me'가 없다면 'I'도 아무런 의미가 없다.

수 있다는 항변이다. 그래서 이 책도 항변한다. '인생을 즐기기' 전에 먼저 '인간을 알아야' 한다고.

여하튼 인간의 삶에서 'I'가 'Me'보다 창조적인 것은 사실이다. 그러나 그렇다고 해서 'I'가 절대적인 주권을 누리는 것은 물론 아니다. 사실 'I'는 'Me'가 없다면 아무것도 아니다. 'Me'가 없다면 'I'는 반응할 수도 없다. 그러므로 'I'는 그것이 아무리 참신하다 해도 궁극적으로 'Me'에 근거한 참신성이다.

우리가 혼자서 무인도에 갈 수 없는 것처럼 타자로부터 전적으로 자유로울 수는 없다. 'I'는 언제나 'Me'로부터 통제당하기 때문이다. 이러한 통제는 사실 이중적인 효과를 지니는데 'Me'가 'I'를 통제하기 때문에 'I'의 참신성에 어떤 앞선 제한이 적용되는 측면도 있지만 'Me'가 있기 때문에 'I'는 타자로부터 이해받는 참신성을 발휘한다.

음양

우주에 음과 양이 있어야 하는 것처럼, 자아에는 'Me'와 'I'가 있어야 한다. 'Me'는 'I'에 형태를 주고 'I'는 'Me'에 참신성을 준다.

결국 'I'와 'Me'는 상호적으로 결정하고 있다. 그러므로 'I'와 'Me'는 주도권을 다투는 상대적으로 독립적인 실체들이 아니다. 그들은 상호의존적인 것으로 다만 기능적으로만 구분된다.

'I'와 'Me' 중 누가 우세할까?
그것들은 상호의존적이다.

'Me'와 'I'는 상호적이다.
하나가 없다면 다른 하나도 무의미하다.

마디 50. 말 없이는 생각도 나도 없다

우리는 말을 배우지만 말을 만들기도 한다.

말을 배움으로써 전통을 잇고 말을 만듦으로써 새 전통을 창조한다.

MEMo

세계에는 수백의 국가와 민족이 있고

이들이 살아가는 방식은 각각 다르다.

 **세상은 넓고 사람은 다양하다**

사람들은 생물적으로 비슷한 가능성을 가지고 태어나지만 문화적으로 다양한 모습을 가진다. 이러한 다양한 모습은 인간 자신에게도 늘 흥미로운 주제였다. 고대 그리스의 역사가 헤로도토스는 이미 그리스인들과 갈라티아 사람들의 장례풍습의 차이를 보고하고 있다. 현대 네덜란드의 비교사회학자 홉스테드가 보고하는 다양한 인간들의 모습을 60번으로 시작하는 마디들에서 알아보자.

다양한 민족적 특성은 전지구의 지구촌화에도 불구하고 변화되기는 하겠지만 수렴하지는 않을 것이다.

마디 61.   맥주잔에 파리가 빠지면?

맥주 마시기

　　　술집에서 맥주를 마시다가 맥주잔에 파리가 빠져 있
다는 것을 알아차린 각국의 사람들이 보이는 특유의 모
습을 그린 우스갯소리가 있다.

미국인 : 웨이터를 불러 확인시킨 후 다시 한 잔을 가져오게 하여 마시고 한 잔 값
　　　　만 치른다.

영국인 : 조용히 추가로 한 잔을 더 시켜 추가된 맥주를 마시고 두 잔 값을 치른다.

독일인 : 맥주 알코올에 소독된 파리를 탁자에 꺼내놓고 맥주는 그냥 마신다.

중국인 : 파리를 안주 삼아 함께 마신다.

한국인 : 웨이터를 불러 호통을 치고 나간다.

　　이런 정형화가 물론 그 민족성을 객관적으로 묘사하고 있다고 이야기할 수는 없지
만 각각의 민족이 가진 기질을 어느 정도 드러내 보여주기 때문에 우스갯소리감이

맥주잔에 파리가 빠지면
각각의 민족은 나름대로의 행동방식이 있다.

될 수 있었을 것이다.

이처럼 각 나라의 사람들은 저마다의 어떤 특성을 가지고 있는데 교통과 통신이 발달한 오늘날에는 그러한 특성을 직접적으로나 간접적으로 경험할 기회가 상당히 많아졌다. 여하튼 인간을 이해한다고 할 때 우리는 이처럼 다양한 민족적 모습을 비교함으로써 그들 각각을 이해할 수 있을 뿐만 아니라 그들을 통하여 인간이 얼마나 다채로울 수 있는가를 또한 동시에 이해할 수 있다.

하지만 우스갯소리에서처럼 같은 사건에 대하여 극단적인 차이를 보이는 각 민족의 특성을 어떻게 비교할 것인가? 인류학자들은 민족들을 비교연구하면서 특징적으로 차이가 나면서 인간의 삶에 중요한 영향을 끼치는 요소들을 추출하여 왔다.

이렇게 선배와 동료들이 추출해온 요소들을 네덜란드의 사회심리학자 홉스테드(Geert Hofstede)는 다섯 가지로 정리하였는데, 그것들은 긴 권력거리 v.s. 짧은 권력거리, 집합주의 v.s. 개인주의, 여성성 v.s. 남성성, 불확실성의 회피 v.s. 불확실성의 관용, 장기지향 v.s. 단기지향이다. 그는 이들 각각을 양끝으로 하는 선

홉스테드

을 그어놓고 자신이 조사한 자료를 토대로 그 선 위의 어떤 곳에 민족들을 배치하였다.

홉스테드는 다국적기업인 IBM의 직원들을 연구의 대상으로 선정하였다. 이 회사의 구성원들은 회사의 표준화된 직무에 알맞은 기능을 가진 사람들로서 공통성을 가졌지만 자신들이 태어나고 자라난 사회적 배경들을 또한 차별적으로 보여주고 있었기 때문에 이러한 비교연구의 대상으로는 아주 적합하였다. 그의 연구에서 우리는 아주 흥미로운 사실들을 발견할 수 있다.

맥주잔에 따리가 빠지면? 민족마다 반응이 다르다.

홉스테드는 세계 각국의 IBM 직원들을 조사하여
각각의 민족적 특성을 비교하였다.

〈자동판매기에 돈을 넣었는데 음료수가 안 나올 때〉

미국인 : '어! 안 나오네' 하고 그냥 간다.

일본인 : 자동판매기에 있는 전화번호로 전화를 걸어서 끝내는 먹는다.

한국인 : 나올 때까지 부순다.

〈걸어가다가 옆 사람의 어깨를 툭 치고 갔다.〉

미국인 : 간단히 목례를 하고 지나간다.

일본인 : 정중히 사과하고 지나간다.

한국인 : 철판 깔고 그냥 지나간다.

〈차도에서 교통사고가 났다.〉

미국인 : 차부터 빼고 사태를 수습한다.

일본인 : 누가 잘못했는지 따져보고 좋게 끝낸다.

한국인 : 멱살부터 잡고 니가 잘못했다고 한다.

■
■   민족과 개인은 전혀 다를 수 있다.
■   평균적 특징과 개인적 특징은 전혀 다른 문제이다.
■

〈낙하훈련을 주저하는 학생들에게〉

국제항공학교에서 하루는 고공 낙하 훈련이 있었다. 비행기에 탑승한 학생들은 다들 뛰어내리는 것을 주저하고 있었다.

할 수 없이 교관이 첫 번째 학생으로 영국인을 지목했다. 그가 무서워서 우물쭈물하자 "신사답게 뛰어내립시다!" 하고 교관이 외쳤다. 그러자 뛰어내렸다.

그 다음은 독일 학생 차례. 역시 머뭇거리는 그에게 교관이 말했다. "명령이다! 뛰어내려!" 그러자 뛰어내렸다.

다음은 프랑스 학생. 교관이 말하기도 전에 "멋지게 뛰어내려도 될까요?" 하고 질문하더니 다른 학생들은 엄두도 못 내는 뒤로 뛰어내리기를 시도했다.

그 다음은 일본 학생. 벌벌 기고 있는 그에게 교관의 한마디. "다들 뛰어내리는데 너 혼자 튈려고?" 그러자 뛰어내렸다.

그 다음은 한국 학생 차례였다. 대한의 건아 … 그러나 이름값 못하고 벌벌 기고 있는데 …. 교관, 그 모양을 보며 한마디 했다. "내신에 반영된다!"

웃으면 엔돌핀이 분비된다.
웃으면 우리 몸의 650개의 근육 중 230개가 움직인다.

마디 62. 부모와 자식은 동등한가?

권력거리란 권력을 많이 가진 사람과 적게 가진 사람의 차이를 말한다. 사람들은 사회 속에서 가진 위치에 따라 다른 크기의 권력을 갖는다. 그런데 이런 권력분포의 등고선이 급한 나라가 있고 완만한 나라가 있다. 다음 문장의 괄호 속에서 적합한 표현을 고르되, 이상이 아니라 현실을 골라보자.

교사와 학생

1. 부모와 자식은 동등(하다. 하지 않다.) 그러므로 자식은 부모를 (동등한 존재로, 존경심으로) 대해야 한다.

2. 교사는 (먼저 배운 사람 즉 선생, 인격적으로 모범인 사람 즉 스승)이다. 그러므로 학생은 교사를 (동등한 존재로, 존경심으로) 대해야 한다. 수업시간에 주도적 역할을 해야 할 사람은 (학생, 교사)이다. 교육수준이 높은 사람(은 낮은 사람보다 덜, 이나 낮은 사람이나 모두) 권위적이다.

> 권력거리는 권력을 많이 가진 사람과
> 적게 가진 사람의 차이이다.

3. 직장의 직급은 (편의적인, 계급적인) 것이며, 고위간부와 하위직원 간의 임금차이는 (적다. 많다.) 부하직원은 상급자와 (의논하여, 지시에 따라) 일을 처리하며, 이상적인 상사는 (수단 좋은 민주주의자, 선의의 독재자)이다. 경영자에게 부여되는 특권이나 지위상징 즉 큰 차, 큰 사무실 등을 (마땅하지 않게, 당연하고 좋은 것으로) 여긴다.

사담 후세인

4. 권력의 원천은 (합법성, 힘)이다. 돈과 권력, 기술과 지위 등은 (따로, 함께) 주어진다. 제대로 된 권리를 누리는 사람 즉 중산층이 (많다. 적다.) 권력을 가진 사람은 (덜, 더) 권력적으로 보이도록 노력한다. 권력층에의 참여는 (공식적 지위나 전문성, 가족이나 친구)에 의해 이루어지며, 정치적 색채는 (중도파가, 좌우 양 극단이) 강하다. 정치체제의 변화는 (규칙의 변화 즉 진화, 권력자의 변경 즉 혁명)에 의해 일어난다. 사회 안의 수입의 차가 (작으며, 크며) 세금공제 후 이 차이는 강화된다.

5. 종교와 철학은 (평등, 질서)를 강조하며, 정치이념은 권력의 (공유, 투쟁)을 강조하고, 토착적 경영이론은 (종업원, 경영자)의 역할에 초점을 둔다.

괄호 속의 앞의 예는 권력거리가 짧은 상황을 묘사하고 있고, 뒤의 예는 긴 상황을 묘사하고 있다. 대표적으로 짧은 나라는 오스트리아, 이스라엘, 덴마크, 뉴질랜드, 아일랜드이고 대표적으로 긴 나라는 말레이시아, 과테말라, 파나마, 필리핀, 멕시코이다. 극동 3국과 미국을 비교해 보면 긴 순서가 한국(53)-대만(56)-일본(62)-미국(72) 순이다. 괄호 안의 숫자는 100개국을 기준으로 본다면 대개 그 정도에 있다는 의미이다.

부모와 자식은 동등한가? 권력거리가 긴 사회에서는 동등하지 않다.

일반적으로 서구국가는 권력거리가 짧고
중미국가와 동남아시아국가는 권력거리가 길다.

마디 63. 교육의 목적은?

　　집합주의란 개인의 이익보다 집단의 이익을 우선하는 태도이다. 이런 태도를 가진 사람은 '우리'를 중요시하고 대가족제를 취한다. 여기에 반하는 태도는 물론 '나'를 중요시하고 소가족제를 취하는 개인주의이다. 앞에서처럼 현실적으로 우리가 어디에 속하는지 골라보자.

어린이 교육

　　1. 어린이들은 (나, 우리)를 기본단위로 하여 생각하는 법을 배운다. (정직, 조화)가 최상의 가치이며 이를 위해서 (부정직, 대립)을 피한다. 말로 서로의 생각을 일일이 표현(하며 즉 낮은 맥락에서, 하지 않으며 즉 높은 맥락에서) 의사소통을 한다. 규칙을 위반하면 (자신의 죄책감과 자존감 상실을, 자신과 집단의 수치심과 체면손상을) 느낀다.

　2. 교육의 목적은 어떻게 (학습, 행동)할 것인가를 배우는 것이며, 졸업장은 (경제

集合主義는 개인의 이익보다 집단의 이익을 우선하는 태도이다.
이에 반하는 태도는 개인주의이다.

적 가치와 자존감, 신분상승)을 제공한다.

　3. 고용주와 종업원의 관계는 (상호이익적 계약, 고
락을 같이하는 가족)적 관계이다. 고용이나 승진은 종
업원의 (기술과 능력, 출신이나 소속)에 따라 결정된다.
최종적인 판단기준은 (일, 인간관계)이다.

　4. 일반적으로 국민 1인당 소득이 (높다. 낮다.) 사람

천안문 광장

들의 사생활이 보장(되며, 되지 않으며,) 개인적인 의견을 (가진다. 가질 수 없다.) 속
하는 계층에 따라 법의 적용이 (다르지 않다. 다르다.) 경제에 대하여 정치가 (한정
된, 강력한) 영향력을 행사하며, (개인, 집단)의 이익에 기반한 경제 및 정치가 이루
어진다. 정부가 출판을 통제(하지 않는다. 한다.)

　5. 자유와 평등이 대립할 때 (자유, 평등)이 앞선다. 궁극적인 목표로는 (개인의 자아실
현, 사회의 조화)가 제시된다.

　괄호 속의 앞의 예는 개인주의 상황을 묘사하고 있고, 뒤의 예는 집합주의 상황을
묘사하고 있다. 대표적으로 개인주의적인 나라는 미국, 오스트레일리아, 영국, 캐나
다, 네덜란드이고 대표적으로 집합주의적인 나라는 과테말라, 에콰도르, 파나마, 베
네수엘라, 콜롬비아이다. 극동 3국과 미국을 비교해보면 집합주의 순서가 대만(17)-
한국(19)-일본(57)-미국(100) 순이다.

　권력거리와 집합주의는 일반적으로 비례관계에 있다. 집합주의 사회는 권력거리
가 길고, 개인주의 사회는 권력거리가 짧다. 예외적으로 유럽의 오스트리아와 중동
의 이스라엘 그리고 남미의 코스타리카는 권력거리는 짧지만 집합주의적이다.

　　　　　교육의 목적은 무엇인가? 집합주의 사회에서는 행동방식을 배우는 것

일반적으로 서구국가는 개인주의적이고
중미국가와 남미국가는 집합주의적이다.

마디 64.   직업생활을 하는 이유는?

스웨덴 볼보 공장

인류의 역사에서 여성은 늘 어머니로서 존재해 왔다. 여성성이란 바로 어머니의 성격 즉 돌봄이다. 어떤 민족의 민족성이 여성적이라는 것은 그 민족의 남성과 여성이 모두 여성적이라는 의미이다. 이와 반대로 남성적이라는 것은 남성은 남성답고 여성은 여성다운 것을 의미한다. 다시 한 번 현실적으로 우리가 어디에 속할지 골라보자.

1. 가정 안에서 아버지는 (사실과 감정, 사실)을, 어머니는 (사실과 감정, 감정)을 다룬다. 소년은 (울어도 되고 싸워서는 아니 되며, 울어서는 아니 되며 싸워도 되고), 소녀는 (울어도 되고 싸워서는 아니 되며, 울어도 되고 싸워서는 아니 된다.)

2. 학교에서 (약한 자, 강한 자)가 공감을 얻으며, (평균수준의 학생, 뛰어난 학생)이 규범이 된다. 낙제는 (사소한 일, 엄청난 재앙)이며, 소년과 소녀는 (같은, 다른)

여성적인 민족은 그 민족의 남성과 여성이 모두 여성적이다.

남성적인 민족은 남성은 남성답고 여성은 여성다운 민족이다.

과목을 공부한다. (다정다감한, 똑똑하고 날카로운) 교사가 인기가 있다.

3. 직업생활을 하는 이유는 (살기, 일하기) 위해서이다. 그러므로 (동등 · 단결 · 생활의 질, 형평 · 경쟁 · 업적)이 강조된다. 경영자는 (합의점, 독단적 결정)을 산출해야 하며, 갈등은 (화해와 협상, 투쟁과 승리)로 해결해야 한다.

4. 사회의 이상은 (복지, 성취)이며, 사회운영의 원칙은 (부족한 사람이 도움, 강한 사람이 지지)를 받아야 한다는 것이다. 사람들의 행동은 가능한 한 (허용, 수정)되어야 하며, 아름다운 것은 (작고 느린, 크고 빠른) 것이다. 우선순위를 가지는 것은 (환

피난민들

경보호, 경제성장)이며, 국제적인 원조에 (많은, 적은) 자원을 배정한다. 군비에 대한 지출이 (적으며, 많으며) 따라서 국제적 갈등을 (타협과 협상, 힘의 과시나 투쟁)으로 해결한다. 정치적 책임자에 여성이 (많다, 적다.)

5. 종교는 (남녀의 상보성, 남성의 특권)을 강조하며, 여성해방이란 (남성과 여성이 같은 몫을 담당, 남성이 독점해온 몫을 여성도 차지)하는 것을 의미한다.

괄호 속의 앞의 예는 여성적 상황을 묘사하고 있고, 뒤의 예는 남성적 상황을 묘사하고 있다. 대표적으로 여성적인 나라는 스웨덴, 노르웨이, 네덜란드, 덴마크, 코스타리카이고 대표적으로 남성적인 나라는 일본, 오스트리아, 베네수엘라, 이탈리아, 스위스이다. 극동 3국과 미국을 비교해 보면 여성성의 순서가 한국(23)-대만(38)-미국(72)-일본(100) 순이다.

직업생활을 하는 이유는?
여성적인 사회에서는 살기 위하여, 남성적인 사회에서는 일하기 위하여

일반적으로 북유럽국가와 코스타리카는 여성적이고
남성적인 국가는 지역과는 별로 연관이 없어 보인다.

마디 65.   지킬 수 없는 규칙은?

삶을 살아가는 데는 송곳 하나 들어갈 곳이 없도록 빡빡하게 사는 방식이 있고 귀에 걸면 귀걸이 코에 걸면 코걸이 하면서 다소간 느긋하게 살아가는 방식이 있다. 불확실성이란 후자처럼 확실하게 규정되지 않은 것을 의미한다. 이러한 불확실성을 쉽게 참아내는 사람들을 불확실성 수용의 경향이 있다고 말하고, 좀처럼 참아내지 못하는 사람들을 불확실성 회피의 경향이 있다고 말한다. 한 번 더 우리가 어디에 속할지 골라보자.

1. 더러운 것과 꺼리는 것에 대해 아이들이 대처할 방식에 (융통성, 엄격성)이 있다. 익숙하지 못한 것에 (호기심, 두려움)을 갖는다.

열린 교실

   2. 학생들은 (열린, 구조화된) 학습상황을 편하게 느끼며, (좋은 토론, 정답)을 산출하는 데에 관심을 갖는다. 교사들은 모든 것을 알고 있다고 생각(되지 않는다. 된다.)

불확실성을 수용하는 민족은 모험을 즐긴다.
하지만 불확실성을 회피하는 민족은 모험을 두려워한다.

3. 직장에서 규칙은 (필요할 때에만, 실효가 없더라도) 있어야 하며, 시간을 (행동의 틀, 돈)으로 생각한다. 한가하면 (여유를 즐기고, 불안하며) 명료성과 정확성이 (부족하다. 몸에 배여 있다.) 엉뚱하고 혁신적인 생각과 행동에 대해 (수용적, 억압적)이며, 자존과 소속 그리고 (성취, 안정)에 의해 동기화된다.

4. 법률과 규칙의 수가 (적고 포괄적이며, 많고 자세하며,) 지킬 수 없는 규칙은 (바꾸어야 한다. 처벌을 강화하여 지키도록 해야 한다.) 권력자에 대한 시민의 반항은 (당연하다. 억압되어야 한다.) 공무원은 정치과정을 (긍정적, 부정적)으로 생각하며, 젊은이에 대하여 (긍정적, 부정적) 태도를 취한다. 소수집단을 (통합, 억압)하려 하므로 외국인에 대하여 (개방적, 폐쇄적)이다. (지식인과 상식을, 전문가와 전문지식을) 신봉하며, (간호사, 의사)의 수가 많다.

외국인 노동자들

5. 진리 (상대주의, 절대주의) 입장을 취하며, 사상의 (자유, 통일성)을 강조한다. (상대적이고 경험적인, 통일적이고 절대적인) 과학과 철학을 추구하며, 과학적 의견이 반대되는 사람과 친구할 수 (있다. 없다.)

괄호 속의 앞의 예는 불확실성 수용의 상황을 묘사하고 있고, 뒤의 예는 불확실성 회피의 상황을 묘사하고 있다. 대표적으로 수용하는 나라는 싱가포르, 자메이카, 덴마크, 스웨덴, 홍콩이고 대표적으로 회피하는 나라는 그리스, 포르투칼, 과테말라, 우루과이, 벨기에이다. 극동 3국과 미국을 비교해보면 불확실성 수용의 순서가 미국(21)-대만(53)-한국(70)-일본(89) 순이다.

지킬 수 없는 규칙은?
불확실성 회피적인 사회에서는 처벌을 강화하여 지키도록 해야 한다.

라틴국가와 독일어권, 일본과 한국이 불확실성 회피 경향이 있다.
하지만 불확실성과 관련해서는 어떤 범주화를 하기가 쉽지 않다.

마디 66. 최고의 미덕은?

홉스테드의 보고에 따르면 동양문화와 서양문화가 서로 보지 못하는 문화적 특징이 있다. 동양인들이 보지 못하는 특징은 불확실성의 회피와 관련된 특징이며, 서양인들이 보지 못하는 특징은 삶에서의 시간적 지향 즉 장기지향이나 단기지향과 관련된 특징이라고 한다.

공자

홉스테드는 장기지향을 특징짓는 가치들로 끈기, 절약, 어른존중, 염치를 들고 있고, 단기지향을 특징짓는 가치들로 변함없음, 체면유지, 전통고수, 인사치레를 들고 있다. 유교영향권에 속하는 우리가 이러한 가치들을 분류한다면 아마 장기지향적 가치는 원시유교적 가치를, 단기지향적 가치는 화석화된 유교적 가치를 반영하고 있다고 분류할 수도 있을 것이다.

홉스테드는 장기지향적 가치들이 동아시아의 경제번영의 원동력이 된 '유교적 역동성'을 보여주고 있다고도 지적하고 있는데, 이를 앞의 분류에 의거하여 말한다면

장기지향성은 원시유교적 가치이며,
단기지향성은 화석화된 유교적 가치이다.

원시유교적 가치의 복권이 유교적 역동성의 원인이며, 만약 다시 이러한 가치들의 화석화가 이루어지면 단기지향성이 높아질 것이라고 예상할 수 있다. 『공자가 죽어야 나라가 산다』는 도발적인 제목의 책에서 비판하고 있는 가치들은 바로 이러한 단기지향적 가치들일 것이다.

이제 마지막으로 독자 개인이나 우리 한국 사람들에 대한 묘사로서 아래 문장의 괄호 속에 어떤 단어가 현실적으로 적합한지 골라 보자.

유교적 가치

전통을 (현대 맥락에 접목한다. 존중할 뿐이다.) 자신의 의무를 (제한적으로, 비용에 구애되지 않고) 다한다. 경제생활에서 (절약하고 검소하다. 과소비가 되더라도 남 못지 않게 남보다 낫게 생활한다.) 저축률이 (높고 투자할 돈이 많다. 낮고 투자할 돈이 적다.) 결과를 (참을성 있게 기다린다. 빨리빨리 보기를 원한다.) 최고의 미덕은 (자기희생, 체면)이다. (다른 사람의 생각도 옳을 수 있다. 자신의 생각만이 옳다.)

괄호 속의 앞의 예는 장기지향적 상황을 묘사하고 있고, 뒤의 예는 단기지향적 상황을 묘사하고 있다. 대표적으로 장기지향적인 나라는 중국, 홍콩, 대만, 일본, 한국이고 대표적으로 단기지향적인 나라는 파키스탄, 나이지리아, 필리핀, 캐나다, 짐바브웨이다. 극동 3국과 미국을 비교해보면 장기지향의 순서가 대만-일본-한국-미국 순이다. 이 특성에 대한 조사는 23개국을 대상으로 수행하였기 때문에 100개국을 기준 순위로 표시하지 않는다. 미국은 장기지향성에서 23개국 중 17위를 차지했다.

최고의 미덕은? 장기지향적인 사회에서는 자기희생

아시아 국가의 경제적 활성화는 유교문화와 관련이 있다.
그것이 또한 위험이나 함정이 될 수도 있다.

〈홉스테드의 민족특성 분포도〉

긴 권력거리

개인주의

짙은 색은 특성이 강한 것을
옅은 색은 특성이 약한 것을 보여준다.

남성성

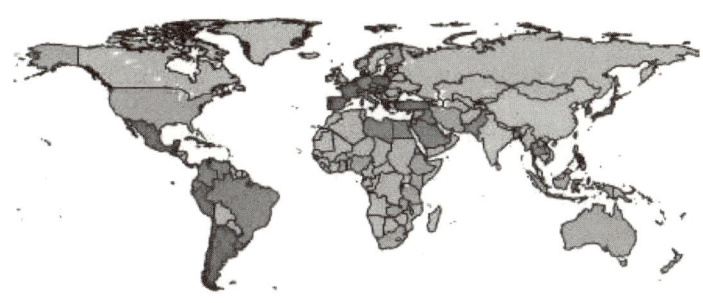

불확실성 회피

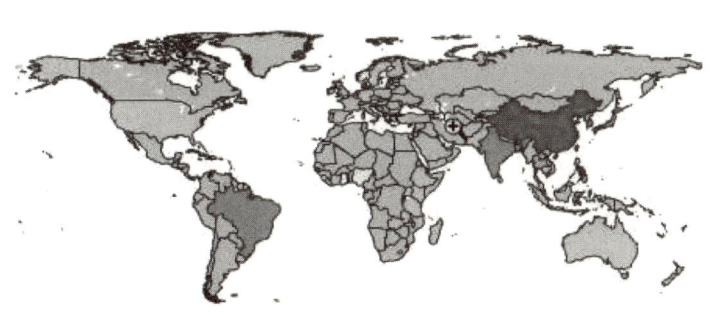

장기지향

이 지도들은 다음에서 가져왔다.

http://www.clearlycultural.com/geert-hofstede-cultural-dimensions/

마디 67.   우리 민족의 민족적 특징은?

앞에서 괄호 속의 표현들을 선택하면서 이미 자신이나 우리가 어떤 특성을 가지고 있는지 대강 짐작해보았을 것이다. 하지만 이러한 짐작이 홉스테드가 지적하고 있는 우리의 특징과는 조금 다르다는 것도 또한 느꼈을 것이다.

한국의 아버지상

권력거리와 관련하여 우리가 이중적인 태도를 가지고 있음을 쉽게 알아챌 수 있다. 우리는 태어나 자라오면서 현실적으로는 권력거리가 긴 상황에서 살면서 이론적으로는 권력거리가 짧은 상황이 더 이상적이라고 배워왔다. 이는 우리 문화가 권력거리가 긴 문화인 데 반하여 학교에서 가르치는 교육내용은 권력거리가 우리보다 짧은 미국식 문화에 근거해 있기 때문일 것이다.

집합주의와 관련해서도 상황은 비슷하지만 권력거리보다는 그래도 이중성이 좀 덜하다. 서구식 개인주의의 도입으로 인하여 과거와 비교해볼 때 우리의 개인에 대한 자각이 상당히 높아진 것이 사실이다. 하지만 그럼에도 불구하고 우리의 개인주

홉스테드의 논의를 자세히 보려면

학지사에서 1995년에 출간된 『세계와 문화와 조직』을 보면 된다.

의는 여전히 집합주의의 터전 위에 세워진 개인주의에 머물고 있다.

홉스테드는 우리나라의 여성성이 상당히 높은 것으로 진단하고 있지만, 사실 앞에서 본 여성성과 관련된 질문에서 우리는 거의 남성성을 가리키는 표현을 선택하게 된다. 이는 세계에서 가장 남성성이 강한 일본이 20세기 초반에 우리를 식민지로 통치했고 그 이전 조선의 정신적 이념이 남성성이 강한 주자학이었기 때문이라고 보인다. 하지만 우리가 '어머니'라는 이름에 갖는 느낌을 생각해보면 우리의 삶의 더 깊은 곳에는 여성성이 지배적임을 또한 알 수 있다. 권력거리가 짧은 듯이 가장하듯이, 남성성이 크다고 가장하고 있는 것이, 우리 문화의 껍데기이다. '껍데기는 가라!'는 말처럼 이들은 우리가 가면을 벗고 자신에게 솔직해져야 할 특징들이다.

외할머니와 외손자

우리가 불확실성을 매우 강하게 회피하고자 하는 사람들이라는 것은 쉽게 파악할 수 있다. '빨리빨리'라는 말로 대변되는 조급성과 이방인들, 특히 제3세계 이방인들에 대한 배타적인 태도에 이런 특성이 배경으로 작용하고 있음을 경계해야 한다.

우리의 삶 속에 장기지향과 단기지향이 뒤섞여 있다는 것을 우리는 또한 쉽게 알 수 있다. 우리는 때로 이렇게 때로 저렇게 행위한다. 단기지향적 경향들이 득세할 때 운명이 곤궁하게 되었다는 점을 알고 있는 우리로서는 이러한 점을 또한 특히 경계하지 않을 수 없다.

우리 민족의 민족적 특징은?
권력거리가 길고, 집합주의적이며, 여성적이고,
불확실성 회피적이며, 장단기지향적

우리가 어떤 가치를 고려할 때에 항상 염두에 두어야 할 것은
민족적 특성이다.

마디 68. 민족적 특징들은 유지될 것인가?

각각의 민족들이 가지고 있는 이러한 고유한 문화적 특징들은 무엇보다도 지리적인 장벽에 의해 보존되어 왔다. 높은 고개와 넓은 강과 같은 것들이 지역적 특성들을 유지시켜 왔다. 하지만 교통과 통신이 발달한 오늘날이나 앞으로도 이러한 특징들이 계속 유지될 것인가?

권력거리와 관련해서 말하자면 최근의 역사에서 권력거리가 작은 나라들은 더 작아지는 경향을 보이는 반면 권력거리가 큰 나라들은 별로 변화가 없었다. 그래서 결과적으로 각 나라별 권력거리의 차이는 더 벌어졌다. 이런 의미에서 이 특성은 확산적이다.

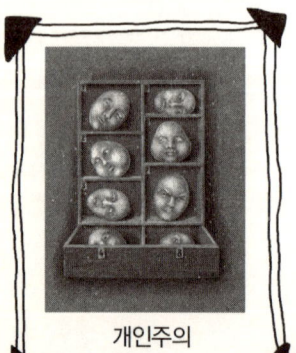

개인주의

집합주의와 개인주의는 상호침투적이라고 보인다. 집합주의 사회에는 개인주의가 나타나고 있으며, 개인주의 사회에는 집합주의가 새롭게 강조되고 있다. 자신의 문화에 대한 비판의식이 높아지면서 이런 상호침투가 일어나고 있지만, 큰 토대가 바뀔 것이라고 예상되지는 않는다.

교통과 통신의 발달에도 불구하고
예상과 달리 민족적 특성들은 상당 기간 유지될 것으로 보인다.

남성성과 여성성은 사정이 다소간 다르다. 전체적으로 보면 여성성이 남성성보다 더 강조되는 측면이 있다. 이는 사회적으로 노령인구가 증가하고 기술의 발달로 여성의 사회활동이 증대되며 또 환경에 대한 관심이 커짐으로써 여성적 가치 즉 인간과 자연을 돌보는 일이 점점 더 큰 비중을 갖기 때문이다. 이런 의미에서 이 특성은 수렴적이다.

불확실성의 회피와 관련해서 우리는 최근에 확산적인 경향이 나타나고 있음을 보고 있다. 정치적 이데올로기가 후퇴하고 민족적 이데올로기가 전면에 등장하면서 불확실성을 회피하고자 하는 경향이 이민족에 대한 배타성으로 드러나고 있기 때문이다. '인종청소'와 같은 끔찍한 말은 바로 이런 소산이다. 합리적 비판의 있고 없음에 따라 회피 경향은 더 강해지기도 하고 약해지기도 한다고 보인다.

인종청소범 밀로세비치

장기지향 및 단기지향과 관련해서는, 우리의 경우를 미루어 짐작해보면 우리가 짧은 시기 동안에 단기지향에서 장기지향으로 옮겨왔기 때문에 다시 짧은 시기 동안에 장기지향에서 단기지향으로 옮겨갈 가능성도 있어 보인다. 이는 다른 특성들과 달리 비교적 쉽게 이쪽 끝에서 저쪽 끝으로 옮겨갈 수 있는 특징이라고 생각된다.

일반적으로 말해, 민족문화는 보통 고유한 특성을 가지고 유지되지만, 또 새로운 변화를 보이기도 한다. 예를 들어 집합주의적 사회에서 선호되는 고용형태는 종신고용제이다. 하지만 이제 우리는 더 이상 종신고용제를 당연시하지 않는다. 비록 근본적인 변화에까지 이르지는 못한다고 하더라도 문화비교가 자기 문화에 대한 고정관념을 약화시킨다는 점은 명백하다. 그대로 있는 것과 바뀌는 것을 주의 깊게 구분할 필요가 있다.

민족적 특징들은 유지될 것인가? 대부분 그렇다.

인구의 노령화, 여성활동의 증대, 환경의식의 고양에 따라 여성성만이 모든 문화가 확대시킬 특성으로 보인다.

마디 69.   문화충격을 줄이려면?

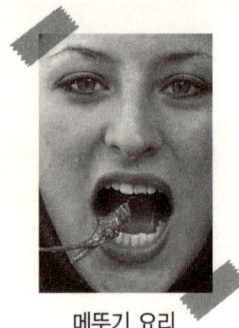

메뚜기 요리

오늘날과 같은 지구촌 사회에서 우리는 자주 문화충격 (cultural shock)을 받게 된다. 문화충격이란 자신의 문화와 다른 문화적 상황에 접함으로써 느끼는 불편감이라고 이야기할 수 있다. 이산가족 상봉장에서 북한사람들의 "수령님 덕분에 우리는 잘 먹고 잘 살고 있다"라는 이야기를 들을 때 우리가 느끼는 불편감 또는 그 반대로 탈북자가 남한사회에서 살아가면서 느끼는 불편감이 이런 문화충격이다.

하지만 문화충격은 예를 들어 문화가 다른 나라를 여행하거나 체류하게 되는 경우 피할 수 없을 뿐만 아니라 충격의 지속성 때문에 상당한 문제를 일으킬 수도 있다. 이러한 문화충격을 다소간 완화시키는 방법은 내가 어떤 문화충격을 받을

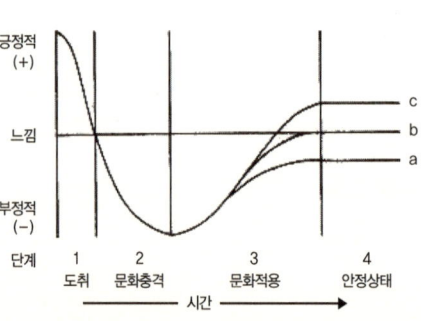

다른 문화 속에서는
문화충격 때문에 불편감을 갖게 된다.

것인지를 미리 알고 대비하여 충격의 강도를 줄이는 일이다. 홉스테드는 이러한 문화충격에 적응하는 과정이 일정한 패턴을 가진다는 것을 발견하였다.

  단계 1은 황홀감(euphoria)의 시기이다. 모든 것이 신선하고 차이가 나면서 나쁜 점들보다는 좋은 점들이 먼저 느껴진다. 단계 2는 문화충격(culture shock)의 시기이다. 낯선 이국문화 속에 있는 방문객은 제일 쉬운 것도 새로 배워야 하는 유아의 상태에 되돌아와 있는 셈이기 때문에 이로 인해 고통, 무력감, 적대감을 겪게 된다. 이러한 심리적인 문제가 신체적인 문제로 드러나기도 한다. 단계 3은 문화적응(acculturation)의 시기이다. 방문자가 새로운 조건하에서 활동하는 것을 천천히 배워가며 현지의 가치를 얼마간 수용하고, 어느 정도 자신을 갖기 시작한다. 단계 4는 최종적으로 도달하는 안정(stable state)의 시기이다. 이 시기는 세 모습을 보여주는데, 자신의 문화보다 더 좋아할 경우(4c), 같은 경우(4b), 덜 좋아할 경우(4a)이다. 하지만 외국인이 잘 적응하는 경우는 그리 흔하지 않다는 것을 늘 기억할 필요가 있다.

4c 이다 도시

  이러한 적응곡선은 체류기간에 비례적으로 적용된다. 즉 3개월을 체류할 때 문화충격이 한 달을 간다면 3년을 체류할 때는 문화충격이 1년을 갈 수도 있다. 또 귀국하게 되면 원래의 문화에 재적응하는 역문화충격도 받게 된다. 여하튼 낯선 문화 속으로 들어갈 경우 우리가 이런 적응곡선을 미리 예견하고 있다면 충격을 다소 줄일 수는 있다.

문화충격을 줄이려면? 적응곡선을 알라!

문화충격을 줄이는 한 방법은
자신이 문화적응곡선의 어디에 서 있는지를 이해하는 것이다.

마디 60. 세상은 넓고 사람은 다양하다

다양한 민족적 특성은 전지구의 지구 촌화에도 불구하고

변화되기는 하겠지만 수렴하지는 않을 것이다.

꼬리말

　여기까지 읽어 오신 독자 여러분께 이제 겨우 감사의 인사를 드린다. 지루하지 않게 인간
에 대하여 이야기하려 했지만, 페이지가 늘어나면 날수록 그것이 나의 욕심이었다는 생각이
자꾸 커진다.

　하지만 여기까지 독자 여러분이 읽어 왔다면, 이야기들이 지루하지 않아서라기보다는 독
자 여러분이 이야기에 관심을 가져준 덕분이다. 그래서 독자 여러분의 관심에 감사의 인사를
드린다.

　『아버지는 말하셨지』는 시리즈로 기획되었다. 앞으로 몇 권의 책이 더 나올 예정이다. 이
책들을 통하여 여러분을 다시 뵙기를 희망한다.

2006년 2월
김성동

아버지는 말하셨지 인간을 알아라!
소크라테스도 말했었지 "너 자신을 알아라!"

저자 김성동

서울대학교 독어교육과를 졸업하고, 서울대 대학원 철학과(석사)와 서울대 교육대학원 윤리교육과(석사)를 졸업하였다. 서울대 대학원 철학과에서 박사학위를 받았으며, 현재 호서대학교 철학과 교수로 재직 중이다.
주요 저서 및 논문으로 『인간: 열두 이야기』, 『문화: 열두 이야기』, 『영화: 열두 이야기』, 『기술: 열두 이야기』, 『소비: 열두 이야기』, 「쉘러와 하이데거에 있어서의 인간의 문제」, 「자아실현의 과정에 관한 일 연구」, 「상호주관성 이론의 재구성」, 「컴퓨터시대의 인간의 위치」 등이 있고, 역서로는 『메를로-뽕띠: 사회철학과 예술철학』, 『실천윤리학』, 『기술철학』, 『현상학적 대화철학』 등이 있다.

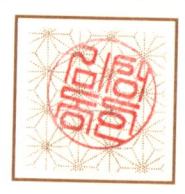

아버지는 말하셨지 인간을 알아라

지은이   김성동

1판 1쇄 발행   2006년 2월 15일
1판 1쇄 인쇄   2006년 2월 20일

발행처   철학과현실사
발행인   전춘호

등록번호   제1-583호
등록일자   1987년 12월 15일

서울특별시 서초구 양재동 338-10호
전화번호 579-5908
팩시밀리 572-2830

ISBN 89-7775-570-0 03130
값 8,000원

●잘못된 책은 교환해 드립니다.